# 教皇フランシスコ
# いつくしみの教会

## 共に喜び、分かち合うために

教皇フランシスコ
栗栖徳雄＝訳

La Chiesa Della Misericordia
Pope Francis

明石書店

LA CHIESA DELLA MISERICORDIA
by Papa Francesco

教皇フランシスコ　いつくしみの教会

目　次

序……9

第1章 キリストの福音
1―いつくしみ深い神の心につつまれて……18
2―信仰のひかり……25
3―キリスト者のメッセージ……28
4―革命的自由……33
5―キリストと共に……38

第2章 貧しい人たちのための貧しい教会
6―貧しい人たちの叫びを聴く……52
7―一致の家……57

8―すべての人を歓迎する家……64
9―調和の家……70
10―福音を全世界へ広げるため派遣されて……76


## 第3章　聖霊の声を聴く

11―聖霊にみちびかれて……84
12―福音、調和、使命……90


## 第4章　告げることとあかしすること

13―恐れるな……98
14―神の言葉を告げて……100
15―福音を告げるために招かれて……106
16―希望と喜びを伝えて……113
17―すべてを捧げて……117

## 第5章　フルタイムのキリスト者

18―自分の殻を破って……124
19―歩くこと……131
20―十字架を背負って……134
21―福音を告げて……139

## 第6章　羊のにおいのする牧者

22―牧者となるために……146
23―仕える司祭……154
24―人びとを塗油し聖別する……158

## 第7章　最も恵まれていない人びとのために

25―「周辺」へ出かけて行く……166

26―心のこもったもてなし……171
27―難民と命のもとを絶たれた人びと……174
28―連帯の文化……177

第8章　偶像を破壊して

29―力と暴力の論理……184
30―金銭崇拝のカルト……187
31―出世主義はサタンの誘惑……190
32―世俗的精神の仮面を剥がす……192

第9章　善を選ぶ自由

33―自由に善を選ぶこと……198
34―尊厳への渇き……202
35―平和への揺るぎない心……206

36 新しい連帯のために……208

## 第10章 聖母マリア、福音を説く聖母

37 聖母マリアにならって……212
38 聖母マリアの信仰……218
39 聖母マリアのとりつぎによって……224

教皇フランシスコの主な経歴……230
出典リスト……232
訳者あとがき……235

聖書の引用は日本聖書協会『新共同訳聖書』によりました。

# 序

教皇フランシスコの誕生からわずか1年しか経っていませんが、教皇フランシスコによる教会の司牧計画はすでに明らかです。彼の計画は、就任以来の言動や決定したことを見ればわかります。時間の経過と共に彼のビジョンは力強く大きなものとなり、教会に新しい地平が開かれました。彼のビジョンは、２０１３年11月24日に発表された「使徒的勧告『福音の喜び』」の中に詳しく書かれています。この勧告は、まさに未来の教会の「マグナカルタ」と言っても過言ではなく、その大きなビジョンと豊かな内容は回勅にも匹敵するものです。これは教会の使徒的役割と「教会の新しいあり方」を説いています。教皇は、教会がキリストに従う者の集まりとしてキリストの福音をより忠実に告げ知らせ、その証人となることを願っています。

もちろん教皇は、教会の漁師たちがおんぼろの舟やなんども繕った網しか持っていないこと、また何度網を打っても魚がとれなかったことをよく知っています。2013年7月27日、ブラジルのアパレシーダで開催された司教会議の決議文の中で、当時この会議の議長であった教皇は、司教たちにつぎのことを思い起こさせました。「すべては神の意思によるものである。だから教会の強さは、教会の人や彼らの能力に依拠するものではない。なぜなら人は弱く、完全ではないからだ。むしろほんとうの教会の強さは、神の言葉に従って漁師たちが網を打った湖の深い水の中にある」と。

教皇フランシスコの使徒的教えとその使命は、いかに網を打つかが中心となっています。本書に収めた説教や講演は、司牧的な教会となるための実践プログラムとその基本的枠組みを示しています。教皇のプログラムの核心と道標は、本書の題にある「いつくしみ」という言葉に表されています。教皇フランシスコは、教会が、人の弱さと神の忍耐の間にあり、教会を、大きなキリスト者の希望、「よい知らせ」を人が見つけることができる「いつくしみの家」として理解されることを願っています。すべての人がこの家にたどり着き、神のいつくしみに全身を任せるなら、誰でも孤独や人から見捨てられた悲哀を感じることなく、信仰に照らされ、生きている神の愛に満たされる自分を発見するでしょう。キリストは死からよみがえり、いま教会に現存されています。キリストと出会い、キリストと共にいる人は、みんなキリストに従う者の生き方の文法を学び、まずゆるしと和解、兄弟姉妹愛の必要性を認め、神のいつくしみの証人として、共に喜び、広く分かち合うようにしなければなりません。ただ理解と同情を示し、道徳的に、物質的に苦しんでいる人びとに寄り添うだけでなく、他者の苦痛と困難をほんとうに自分自身のうちに深く受けとめ、最大のやさしさと寛大さを持って彼らと一致し、慰め、希望、勇気を分かち合い、神の命の道を共に歩まねばなりません。

キリスト教のよい知らせとはキリストご自身のことです。キリストの言葉は救いであり命です。キリストは、わたしたちの避難所、命の源です。したがって教会は、わたしたちがこの真実を信仰し、秘跡に与《あずか》る生活を送り、キリストに従う者の目標である聖なる人となることができるように導き、その手助けをするところです。この目標を実現するためには、福音を聴き、宣言し、その証人とならなければなりません。教皇フランシスコの神学によると、フルタイムのキリスト者とは、何もせずただ座って鏡に映した自分の信仰を自我自賛することではなく、またディナーの席で信仰を語ることではありません。自らの枠を超え、勇気をもって十字架を胸に抱き、福音の喜びをすべての人と分かち合うために、外に出かけて行くことです。教皇フランシスコは、福音宣教とは、絶えず回心を行い、外に出かけて行き、そして福音を実践することであると言われています。最初に神から召し出された者は、塗油により聖別された者、すなわち司祭です。彼らの役割は、喜んで人を受け入れ、人に仕えることです。彼らは恐れずに貧しい人、「周辺」にいる人、もっとも小さい人に会うために地の果てまで出かけて行かなければなりません。

物質的、精神的に貧しい人をとくに中心にするのは、彼らに経済的、社会的、司牧的な問題があるからではなく、愛である神は、貧しい者の中でもっとも貧しい人を最優先しておられるからです。教皇フランシスコのいう貧しい人のための貧しい教会とは、福音的な意味では、貧しさと貧しい人のために仕えることを原理として選択したということです。教会は、素晴らしい愛の物語をたえず語り継いできました。それは何世紀もの間、キリストの自由と愛の精神により、貧しい人びとを解放し、受け入れ、育んできた道でした。キリストはただ寛大で、実際の生活の中で寄り添うだけではなく、自ら積極的に人間の尊厳、正義の促進、人間らしい文明を構築するための証人となりました。

この意味で、教会の司牧的ビジョンには、教皇フランシスコの人間観が根本にあります。そこには彼の考えがたんに順序よく並んでいるだけではなく、各々が相互的、有機的に関係しています。彼の力強い直截な話は、人びとの心に響き、社会の頑《かたく》なな心を溶かします。現代社会は、共通善のために共に寄り添うことに心を開いていません。しかしこれらは隣人と平和に暮らすための前提となるものです。そうでなければよりよい世界に向かって共に働くことはできません。権力、金、腐敗、出世主義、利己心、無関心、すなわち世俗の精神の偶像をなくさない限り実現できません。

以上の考えは『福音の喜び』の中ではっきりと説かれています。この勧告の中でやめるべき悪習慣と教会共同体における大切なものの優先順位が明らかにされています。この実現に向かって教皇は自らの言葉と行動を通して人びとを導いていますが、教皇の改革のペースは日ごとに速くなってきています。彼が目標としているのは、真のキリストのお教えは、聖書の精神に忠実に生きることであると人びとに理解してもらうことです。教皇は、キリスト者の共同体にいる人たちがくたびれ、半分眠ったような信仰で、まったく何にも心を動かさず、心と教会の双方の中に壁を作り、そこにただじっと何もせず居るだけでは何も理解できないと言っています。そしてこれこそが現代の危機だと言われています。つまり教会が古くなり、自らは世の中の挑戦に立ち向かうことをせず、いつくしみをただ受けることに慣れきってしまう危険性を述べています。教皇は、教会が努力をし続ける限り、ときには途中で失敗してもかまわないと考えています。しかし教会はその厳格さ、非妥協的そして偽善的な心とその他の欠点を直さなければならないと警告を発しています。もしこれができないなら、それはキリストの教えに対する信頼を裏切るものであると考えています。教皇は、教会を改革、刷新しようと決心し、すべての人と共にこの目的を実現しようとしています。

一言で言えば、教会の生活はたえず聖化され、刷新、活性化されなければなりません。このためには、教会には教会的かつ司牧的な識別の力が必要です。聖霊と福音宣教の母であるマリアの取り次ぎによって、教会はほんものの使徒的使命を再発見することができます。

# 序

ジュリアノ・ヴィジニ
ミランカトリック大学教授
教皇パウロ6世、カルロ・マリア・マルティニ枢機卿、
教皇ベネディクト16世、教皇フランシスコの著書の編集者

# 第1章

# キリストの福音

# 1 いつくしみ深い神の心につつまれて

ローマ司教座着座式ミサ説教　2013年4月7日

神のいつくしみ、大きく深い愛は、美しい信仰の真理です。わたしたちの人生において、神の惜しみない愛は、そのいつくしみによって、わたしたちの手をとり、支え、立ち上がらせ、前に向かって歩み出すようにしてくださいます。

ヨハネによる福音書（20：19－28）の中で、使徒トマスは、神のいつくしみについて、彼が実際に復活したイエスの顔を見たときのことを話しています。他の使徒たちが彼に、「主を見ました」と言っても、彼は信じませんでした。さらにイエスは亡くなる前にも、「わたしは3日目に復活する」と弟子たちに約束していましたが、トマスはこの言葉も信じませんでした。彼は、実際にイエスを見て、彼の指をイエスの手の釘の跡に、また自分の手を脇腹の傷に入れ、イエスの反応を見たいと思っていました。しかしイエスは、トマスの頑《かたく》なな不信仰を非難せず、ゆるされ、彼に1週間の時間を与えました。イエスは、扉を閉ざさずにトマスを待たれました。やがてトマスは、自分自身の心の貧しさ、信仰の薄さに気づき、「わたしの主、わたしの神よ！」とイエスに呼びかけました。この単純なしかし深い信仰に満ちた告白によってイエスのゆるしに答えたのです。彼は、神のいつくしみに自らをゆだね、目の前のイエスの手と足、それから両脇の傷を見ました。そして信じることの意味を悟りました。彼は新しい人となりました。もはや不信仰の者ではなく信仰する者となりました。

つぎにペトロのことを思い出してみましょう。彼は、もっともイエスのそば近くにいなければならなかったのですが、イエスを三度も否定してしまいました。そしてペトロはどん底に落ち込みました。しかしイエスがじっと見つめてくださっていることがわかりました。イエスはただ忍耐強く、また多くを語らず、「ペトロよ、あなたの弱さを恐れることはない。わたしを信じなさい」と語りかけました。ペトロはこの言葉に感激しました。そしてイエスの愛に満ちたまなざしを感じ、涙を流しました。このイエスのまなざしはなんと美しくやさしさに満ち溢れているのでしょう。兄弟姉妹たちよ、神の忍耐の心といつくしみを信じ心に深く留めておきましょう。

エマオに向かった二人の弟子がいました。彼らが悲しい顔をして絶望のうちに荒野を旅していたことを思い出してみましょう。イエスは、彼らを見捨てずに、共に歩きました。そしてそれだけではなく、辛抱強くイエスのことについて聖書に書かれているところを話して聞かせ、彼らと食事を共にされました。これはまさに神の業《わざ》です。わたしたちの場合、他人と何かするとき、いつもいっぺんにすべてを欲しがります。しかし神はわたしたちを愛しておられるので辛抱強く待ってくださいます。愛する者は、理解し、希望を持ち、そして自信を与えることができます。愛する者は、あきらめたり、橋を焼き捨て退路を断って最後の覚悟をしたりするようなことをしません。愛する者はいつもゆるすことができます。キリスト者として、たとえわたしたちが神を捨て去ったとしても、神はいつもわたしたちを待っていてくださることを忘れないようにしましょう。神は遠く離れたところにおられません。わたしたちが神のところに戻るなら、神はわたしたちをいつくしみのうちにいつでも喜んで迎えてくださいます。

いつくしみ深い父親のたとえ話はいつ読んでも心を打たれます。それは、この話がいつも希望を与えてくれるからです。若者は父親から愛され、父親の家に住み、父親の遺産の一部を分けてもらいました。それから、彼は家を出て行き、お金を全部使い果たし、どん底に落ち込み、父親からはもっとも遠く離れたところに行ってしまいました。この困窮のどん底で、彼は父親の温かさが忘れられず、父親のところに戻ってきました。父親はどうだったのでしょうか。息子を忘れてしまっていたのでしょうか。いいえ、父親はけっして息子のことを忘れてはいませんでした。父親はそこにいます。遠くから息子を見ていました。父親は毎日彼の帰りを待っていたのです。たとえ息子が勝手に出ていったとしても、譲った財産を全部使い果たしたとしても、また自由の身ではなくなっていたとしても、父親の心の中には息子がいたのです。父親は、忍耐、愛、希望、そしていつくしみの心をもって、息子のことを片時も忘れたことはありませんでした。遠くから息子が帰ってくるのを見つけると、飛び出して行き、一言も小言をいわず息子をやさしく、まさに神のやさしさで抱きしめました。父親は喜びました。息子を抱きしめたとき大きな喜びを感じました。神は、けっして飽きることなく、いつもわたしたちを待っておられます。イエスが神のいつくしみをわたしたちに見せてくださったので、わたしたちは自信と希望をいつも取り戻すことができます。ドイツの偉大な神学者ロマーノ・グァルディーニはつぎのように言っています。「神は、わたしたちの弱さに対して忍耐をもって答えてくださる。神は、わたしたちの自信と希望の源である」と(Glaubenserkenntnis [Wurzburg, 1949], p.28)。これは、まさにわたしたちの弱さと神の忍耐との対話です。この対話によって、希望がわたしたちに与えられます。

たとえわたしたちがどんなに多くの過ちや罪を犯していたとしても、神の忍耐によって神のところへ帰る勇気を与えてもらえることを、わたしは強調したいと思います。復活したイエスを信じなかったトマスに、イエスは彼の手をイエスの手、足、両脇腹の傷跡に入れるように命じられました。このようにわたしたちも同じようにイエスの傷の中に手を入れ実際にさわることができるのです。それは、わたしたちが信仰をもって教会の秘跡に与《あずか》るときです。中世の聖人、説教者、教会改革者の聖ベルナルドはその説教で、「イエスの傷を通して、わたしは岩から蜂蜜をとりだし、硬い石から油を取り出すことができます（申命記：32：13参照）。わたしは主の善を味わい見ることができます（聖ベルナルドの雅歌について61：４）」と言いました。イエスが受けた傷によってわたしたちは守られ、イエスの限りない愛の心に出会います。トマスはこのことをよく理解しました。聖ベルナルドは説教を続けて、どうすればそうなりますかと問いかけます。いさおしによってですか。「いいえ。それは神のいつくしみによってである」と。「神がいつくしみ豊かであればわたしのいさおしなどいりません。神のいつくしみがあふれ出てわたしも豊かになります」（聖ベルナルドの雅歌について61－5）。イエスのいつくしみを信頼する勇気、彼の忍耐を頼り、神の愛の傷に身を隠すことは大切なことです。聖ベルナルドは、「では、もしもわたしの良心が多くの罪のために痛んだ場合はどうなのでしょう」とさらに問い、彼は、「罪が増したところには、恵みはなおいっそう満ちあふれました（ローマの信徒への手紙5：20）」と答えました。

「わたしの罪は大きく、わたしは神を捨てた」とたとえ話の若い息子のように思っている人がいます。また「わたしの不信仰はトマスのようであり、勇気がなく神のところへ帰ることができません。神がわたしを歓迎してくださるとは信じられません」と感じている人もいます。しかし神はほんとうにあなたが来るのを待っています。神は、あなたに勇気をもって来るように呼びかけています。わたしは、教会の司牧生活の中で、何度となく、「神父さま、わたしは多くの罪をおかしました」という声を聞くことがあります。そのとき、わたしはいつも、「恐れずに、神のところに行きましょう、神はあなたを待っておられます。あなたのすべてを受け入れてくださるでしょう」と答えました。わたしたちは普段の生活の中でたくさんの誘惑に出会います。しかし神の招きだけを受けるようにしましょう。神はやさしく、愛です。神にとってわたしたちは数ではありません。わたしたち一人ひとりが神にとってはもっとも大切なのです。たとえ罪人であったとしても、わたしたちは神のみ心にもっとも近いところにいることを忘れてはいけません。

# 2 信仰のひかり

『信仰の光』no.4, 34　2013年6月29日

いま改めて信仰が光であることをふたたび理解することが求められています。信仰の炎が消えてしまうとそれ以外の光もすべて暗くなってくるからです。信仰の光は特別なものです。人間の存在すべてを照らすことができるからです。これほど強い光は、わたしたち自身のものではなく存在の根源に由来するものです。すなわち、光は神から来るものです。信仰は、生きた神との出会いから生まれます。神はわたしたちを招き、ご自身の愛を現してくださいます。この愛はわたしたちよりも先にあり、わたしたちを見守り育んでくださいます。わたしたちはこの愛によって変わり、新しい世界とそれを見る新しい目を手に入れます。そして新しい契約の実現と未来の展望が開かれます。神から超自然のたまものとして信仰をいただき、この信仰が時の流れの中でわたしたちを導く光となります。過去からの光、それはわた

したちの礎《いしずえ》となるイエスの生涯の記憶、つまり完全に信頼できるイエスの愛、死に打ち勝った愛です。同時に信仰は未来からの光、孤立したわたしたちを目の前に大きく広がる交わりの中へ導いてくれる光です。なぜならイエスは復活し、死を乗り越え、わたしたちをイエスのもとに引き寄せてくれたからです。信仰は影や暗闇の中にはありません。信仰はわたしたちの暗闇を照らす光だからです。

信仰の核心、愛の光は、現代のわたしたちが抱えている真理というものに関する問いを解明してくれます。現代では、真理は、多くの場合、個人の主観的正しさに矮小化され、その個人が生きている限りのものとなっています。わたしたちはほんとうの真理を恐れています。なぜならわたしたちはそれを全体主義体制の権威主義的押しつけと同一視しているからです。しかし真理は愛であり、神と個人が出会うことによって明らかになるとすれば、それは個人を閉じ込めた囲いから解放します。真理は愛ですから力で押しつけず、個人を抑圧しません。愛から生まれたので心に入ってきます、わたしたち一人ひとりの心の中心に入ってきます。ですから信仰は、明らかに、頑《かたく》なものではなく、他者を尊敬し、共に成長していくことを可能にしてくれます。信仰のある人は、人を見下さず、真理へ導かれ、へりくだります。

なぜなら彼らは自分自身が真理を持っているのではなく、真理が彼らを包み込んでいることがわかっているからです。だからわたしたちは頑なになることなく、信仰に守られ、旅へと出かけることができます。そしてわたしたちは信仰によってあかしする人となり、すべての人びとと対話ができるようになります。

# ３ キリスト者のメッセージ

復活徹夜祭ミサ説教　２０１３年３月30日

復活徹夜祭ミサの聖書朗読では、婦人たちがイエスに香油を塗るためにイエスの墓へ行く光景が描かれています（ルカによる福音書24：１－３）。これは、わたしたちが愛する人を失ったときに見せる哀れみの気持ちを表す伝統的な愛情表現です。彼女たちはイエスに付き従って、彼の言葉を聞きました。彼女たちはイエスが自分たちを理解し、大切に思っていてくださると感じていました。彼女たちは、ゴルゴダの丘まで行き、彼が十字架から降ろされる最後の瞬間までイエスと共にいました。婦人たちがどんな気持ちで墓に行ったのかがよくわかります。彼女たちは悲しみで一杯でした。イエスが自分たちのもとからいなくなった悲しみ、もうこの世にはいないこと、死んだこと、命が絶たれたことを悲しんでいました。そしていま時は以前と同じように過ぎていきます。しかし婦人たちはイエスへの愛をずっと感じ続けていました。そしてその愛が彼女たちをイエスの墓へと導いたのです。

このときまったく新しい思いもかけないことが起きました。彼女たちを驚かせ、計画を狂わすことが起きました。彼女たちの人生を根底からひっくり返すようなことが起きていました。墓の前にある石が取り除かれていたのです。彼女たちは中へ入っていきましたが、主の遺体がありません。一体何が起きたのかわかりません。彼女たちはとまどいためらいました。「いったいぜんたいなにが起きたのか」「いったいこの意味は何なのか」と（ルカによる福音書24：4）。

わたしたちの日常でも、何かまったく新しいことが起きると、同じようになりませんか。たとえば、突然立ちすくみ、理解できない、どうしたらよいかわからないといった経験がありませんか。新しいことは、たとえ神がもたらしたものでも、神からの呼びかけであっても、わたしたちは驚いてしまいます。わたしたちは聖書の中の使徒たちと同じように、しばしばそのままの状態に留まることのほうを選びます。たとえば、墓の前に立ち止まる、亡くなった人のことを思い出す、歴史上の偉大な人物のようにただ記憶の中だけにいる人たちのことを考えます。兄弟姉妹のみなさん、わたしたちは予想もつかない神の業《わざ》を恐れています。神はいつもわたしたちを驚かせます。とくにわたしたちの主はそうです。

兄弟姉妹のみなさん、神がわたしたちに与えてくださる新しいものに心を閉ざさないようにしましょう。疲れ、心が折れ、悲しくなることがたくさんありませんか。罪の重さに打ちひしがれていませんか。何もできないと考えていませんか。心を閉ざしてはいけません。自信をなくさないようにしましょう。けっしてあきらめないようにしましょう。神にとって変えられないことは何一つありません。わたしたちの心を開きましょう。神によってゆるされない罪はありません。

では聖書と婦人たちのところに戻り、そこから一歩先へ進んで行きましょう。彼女たちは墓が空《から》になっており、イエスの遺体がそこにはなく、何か新しいことが起きたことはわかりました。しかし、これらのことを総合して考えてみても、たしかなことは何もわからず、ただ疑問だけが残り、答えどころか彼らの頭は混乱していました。そこに突然輝く服を着た二人の人が現れ、「なぜ、生きておられる方を死者の中に捜すのか。あの方は、ここにはおられない。復活なさったのだ」（ルカによる福音書24：5－6）と言いました。ただ愛していたから墓に行ったことが、いまや人生を変える出来事となりました。婦人たちの人生だけでなくわたしたちの人生と人類の歴史をも変える出来事が起きたのです。イエスは死んでいません。復活され、生きておられるのです。イエスは単に命を取り戻したということではなく、むしろイエスが命そのものなのです。なぜならイエスは生きている神の子ですから（民数記14：21－28、申命記5：26、ヨシュア記3：10）。

イエスはもはや過去の人ではなく、現存し、未来に向かって生きておられるのです。つまりイエスは神の永遠の「いま」です。婦人たちや、弟子たち、そしてわたしたちに、罪、悪と死、命を破壊するものに勝利する新しい神、すなわち、わたしたちを非人間的にするものに打ち勝つ新しい神を見せてくださったのです。親愛なる兄弟姉妹のみなさん、これこそがわたしたちにとってのほんとうの意味なのです。愛である神は何度もわたしたちに「なぜ死者のうちに生者を捜すのか」と諭されるのでしょうか。なぜわたしたちは日常生活の問題や悩みによって自分中心になり、悲しみや悔しさに囚われてしまっているのでしょうか。これはまさに死です。そこは生きておられる神を求めるところではありません！

復活されたイエスと共に人生を歩みましょう。イエスを友とし信頼して共に前に向かって進んで行きましょう。彼は命なのです。いまこの瞬間までもしも彼を遠ざけていたのでしたら、一歩前に踏み出しましょう。イエスは手を大きく広げあなたを受け入れてくださるでしょう。もしもこれまで無関心であったのでしたら、イエスとかかわるリスクをとりましょう。けっして失望することはありません。イエスに従うことは難しく見えるかもしれませんが、恐れないでください。イエスを信じましょう。自信を持ちましょう。彼はいつもそばにいるのですから。イエスはいつもあなたがたと共におられます。イエスはあなたがたが求めている平和を与え、彼が望まれるように生きる力を与えてくださいます。

# 4 革命的自由

ローマ教区教会会議参加者への講演　2013年6月17日

使徒パウロはローマ人への手紙でつぎのように言っています。「あなた方は律法の下ではなく、恵みの下にいるのです」（ローマの信徒への手紙6：14）。そしてこれがわたしたちの人生です。わたしたちは恵みのうちに生きています。なぜなら主はわたしたちを愛し、救われ、ゆるされたからです。主はすべての業《わざ》をなされました。これは恵みです。神の恵みです。神はイエス・キリストによってわたしたちを救われ、わたしたちは神の恵みのうちに歩み始めました。

こうして新たに広い地平がわたしたちに開かれました。これはわたくしたちの喜びです。「あなたがたは律法の下ではなく、恵みの下にいるのです」。恵みのもとにいるとはどういう意味でしょう。それはわたしたちが喜び、自由のうちにあるということです。わたしたちが自由であるのは、恵みのもとに生きているからです。わたしたちはもはや律法の奴隷ではなく、自由なのです。なぜならイエス・キリストがわたしたちを解放してくださったからです。イエスはわたしたちに自由を、神の子の完全な自由をくださいました。わたしたちはこの恵みのうちに生きています。恵みのうちに生きることは宝です。では、これから恵みのうちに生きること、この美しい大切な神秘について説明しましょう。

洗礼を授かるということは〝律法に従って〟〝恵みのうちへ〟入る革命的な出来事です。歴史の上では、ほんとうに大勢の革命家たちがいました。しかし彼らはイエスがわたしたちにもたらしたほど革命的ではありませんでした。イエスの革命は、歴史を根本から変える革命、人の心の奥深いところを変える革命です。歴史上の革命は政治や経済システムの革命です。しかしどれもほんとうに人の心を変えるものではありませんでした。真の革命、つまり、わたしたちの人生を根本的に変える革命とは、イエス・キリストの復活によるものです。ベネディクト16世はこの革命について、「人類の歴史におけるもっとも偉大な変化である」と言っています。

この「人類史上もっとも偉大な変化」について考えてみましょう。これは真の革命のことです。わたしたちは革命家です。さらにこの偉大な変化の革命家です。というのは、わたしたちは人類史の中で偉大な変化の道を歩んできたからです。今日、キリスト者は革命家でなければキリスト者とは言えません。そしてキリスト者は恵みによる革命家でなければなりません。恵みは、御父がイエス・キリストの受難、死、そして復活を通してわたしたちに与えてくださり、わたしたちは恵みによって革命家になりました。もういちどベネディクト16世の言葉を引用します。「イエス・キリストは人類史上もっとも偉大な変化である」。イエスは人の心をほんとうに変えるからです。

預言者エゼキエルは、「わたしはお前たちの体から石の心を取り除き、肉の心を与える」と言いました。このことを使徒パウロはダマスカスへ向かう途中、イエスに出会ったとき経験しました。この出会いによってパウロの人生は根本から変わり、洗礼を受けました。神が彼の心を変えたのです。彼は、迫害者であり、教会やキリスト者を探し出し捕らえる者でしたが、聖人、徹底的なキリスト者、そして本物のキリスト者となりました。このことを考えてみましょう。パウロははじめは暴力的な迫害者でしたが、使徒となりました。つまりイエス・キリストをあかしする人となり、殉教することもいとわない勇敢な人となったのです。福音を告げる者を殺そうとしていたパウロは、最後には、自らの命を、福音を告げるために投げ出したのです。

これこそベネディクト16世が言う変化、もっとも重要な変化なのです。わたしたちはみんな罪人です。神は罪人であるわたしたちの心を変え、そして聖人へと変えてくださいます。わたしたちの中で罪人でない人はいないでしょう。そうでないと思っている人は手を上げてください！　わたしたち一人ひとりが、そしてすべての人が罪人です。わたしたちはみんな罪人です！　しかしイエス・キリストの恵みによってわたしたちは罪から救われます。ほんとうに救われるのです！

わたしたちみんなが、イエス・キリストの恵みをいただくと、イエスはわたしたちの心を変え、罪人を聖人にします。聖となるためには、目をそらし違ったところを見たり、あるいは聖画に描かれた顔のようにする必要もありません。そんな必要はまったくありません。聖人になるために必要なことは、ただひとつだけ。御父がイエス・キリストを通してわたしたちにくださった恵みをいただくことだけです。わたしたちは弱い罪人です。しかしこの恵みによってわたしたちは、主が、よい方であり、いつくしみであり、忍耐強くわたしたちを待っていてくださる方、ゆるしてくださる方であることがわかります。この圧倒的な恵みがわたしたちの心を変えてくれるのです。

## 5 キリストと共に

カトリック要理教育国際会議参加者への講演　２０１３年９月27日

かつてイエズス会会員は話をするときには論点を三つにしぼり込み、一つひとつ数えながら話をしました。彼らにならってわたしも論点を一、二、三、と順番に数えながら話をします。

第一に、キリストによって新しく始めるとは、彼に近づくことです。つまりイエスに近づくことです。最後の晩餐のとき、イエスは、愛の最大の贈りもの、十字架上の犠牲をわたしたちにくださる準備をしながら、この重要性を弟子たちに話されました。イエスはぶどうの木と枝のイメージを使ってつぎのように話されました。「ぶどうの枝が木から伸びているように、わたしの愛のうちに留まりなさい、わたしと共にいなさい。わたしたちがキリストとつながっているならば、実をむすぶことができるでしょう」と。これがイエスに近づきなさいという意味です。イエスのうちに留まること！　イエスから離れず、彼のうちに、彼と共にいて、彼に話しかけることです。イエスに留まりなさい！

弟子にとってもっとも大切なことは、主人と共にあり、主人の話を聞き、主人から学ぶことです。これはつねに真実です。わたしたちの人生の中でどんなときでも真実です。つぎの話はわたしが初めて任された教区であったことです。カテキスタ（カトリック要理教育者）の研修を終え、「カテキスタの資格を取りました！」と何か特別な偉い人にでもなったかのように話す人がいました。しかしカテキスタの資格自体には何の意味もありません。まったく意味がないのです。強いて言えば、小さな旅をしたという程度のものでしょう。この資格があなたがたにいったい何をしてくれるというのでしょうか。この資格に意味があるのではなく、あなたがたがキリストのうちに留まるから意味があるのです。そしてこれがほんとうの資格の意味なのです。キリストのうちに生涯留まるということです！　主のうちに留まり、主にわたしたち自身をゆだね、主の導きに従って生きるということです。

みなさんにお尋ねします。主のみ前でどのように振る舞いますか。ご聖体訪問の際、聖櫃《せいひつ》を見て沈黙のうちに何をしますか。主に話しかけ、主と対話し、考え、黙想し、主の声を聞きますか。これはたいへんよいことです！　しかし、あなたがたは、主がわたしたちを見つめてくださるように心を開いていますか。なぜなら主はわたしたちを見つめておられるからです。そしてこれもひとつの祈りなのです。主があなたがたを見つめてくださるように何かしていますか。聖櫃《せいひつ》を見つめ心を開き、主があなたがたを見つめてくださるようにしましょう。やってみてください。簡単でしょう。少し退屈かもしれませんね。わたしの場合、眠くなることがあります。眠くなったら、眠ってもかまいません！　それでも主はあなたがたを見つめておられます。主は必ず見つめておられます。主のまなざしに気づくほうがカテキスタの資格証よりもはるかに大切なことです。主に見つめられるよう心を開いておくことがカテキスタの大切な資格なのです。そうすれば心が温まり主との友情に火がつくでしょう。主がほんとうにあなたがたを見つめ、近くにいて愛してくださっていることがわかるようになります。

ローマを訪れミサに与《あずか》っていたときのことです。すこし年の若い男性がわたしのところにきて、「神父さま、お目にかかれて光栄です。しかしわたしは何も信じていません。わたしには信仰の恵みがありません！」と話しました。彼は信仰がお恵みであることはわかっていたようですね。続けて彼は、「わたしには信仰の恵みがありません。なにかアドバイスをください」と頼みました。

「失望しないように。神はあなたを愛しておられます。神があなたを見つめてくださるように心を開いてください。ただあなただけを見つめてくださるように！」とわたしはアドバイスをしました。この同じ言葉をあなたがたに差し上げましょう。主があなたがたを見つめてくださるように願いましょう。難しいことはよくわかっています。とくに結婚されお子さんがいる人にとっては難しいでしょう。静かな時間をまとまって見つけることは難しいでしょう。ですが、神に感謝しましょう。誰でも同じ方法をとる必要はありません。教会には神からの呼びかけがたくさんあり、多様な霊性があります。大切なことは〝自分に合った方法で主を見つける〟ことです。誰にでもできます。どんな状態でも可能です。みなさんがそれぞれどのようにイエスと共にいることを経験しているかを思い出しましょう。そしてつぎの問いの答えを見つけてください。「どのようにしてイエスと共にあり、彼のうちに留まっていますか。イエスのうちに留まり、沈黙の中で、彼に見つめてもらっていますか。彼の火によって自分の心を温めてもらっていますか」。神の温かさ、愛、そしてやさしさが自分の心になければ、わたしたち罪人はどのようにして他者の心を温かくすることができるでしょうか。考えてみてください。

第二に、キリストと共に新しく始めるとは、わたしたち自身を捨て、他者と出会うためにキリストをまねるということです。これは美しい経験になりますが、パラドックスでもあります。なぜかというと、キリストをわたしたちの人生の中心に置くと、わたしたち自身はもはや中心ではなくなるからです。キリストと一致してキリストがあなたがたの人生の中心となると、キリストはあなたがたを自分自身から離し、自己中心ではなく、あなたがたの心を他者に開かれたものとしてくださいます。まさにこれこそ愛のダイナミズムです。神ご自身の働きです。神が中心となるのです。しかし神は自らをいけにえにされ、人とつながり、自らを放棄するほど愛を示されました。わたしたちがキリストと一致するならばこうなるでしょう。キリストはわたしたちをこの愛のダイナミズムに引き込みます。キリストのうちに真実の命があるから、他者に心を開き、キリストの名によって他者に会うために出かけて行くことができます。これがカテキスタの役目です。愛によって他者のところへ出かけ、イエスをあかしし、イエスについて語り、イエスを告げることです。これが大切なことです。なぜなら主がこのようにされているからです。主がわたしたちを前へと向かわせるのです。

カテキスタの心には心臓のように収縮と拡張の鼓動があります。つまりキリストとの一致、そして他者との出会いです。わたしがイエスと一致し、他者と出会うために出かけて行くことです。いずれかの動きが止まれば心臓はもう動くことができません。生きることができなくなります。カテキスタは心にケリグマ（福音を告げること）の贈りものをいただき、それを他者に与えます。贈りもの、なんと簡潔な言葉でしょう！　カテキスタは贈りもの、信仰の贈りものをいただいたことを知っています。カテキスタはみんなその贈りものをお互いに分かち合っています。美しいことです。このときわたしたちは贈りものの一部を自分のために取っておくようなことはしません。わたしたちはいただいたものはすべて与えます。なぜならこれは商売ではなく、ビジネスでもありませんから。純粋な贈りもの、いただいたものと差し上げる贈りものです。カテキスタはこの互譲の中心にいるわけです。これはまさにケリグマそのものです。贈りものによって出かけて行き、わたしたち自身を超えて行くのです。

聖パウロは、「キリストの愛はわたしたちを強く前へと押し出します」と言われました。しかしこの「強く前へと押し出す」という言葉には、わたしたちを「虜《とりこ》にする」という意味もあります。そうです。愛がわたしたちを引きつけ、派遣するのです。わたしたちを引き込み、他者に与えるのです。これこそがキリスト者の心の鼓動です。とくにカテキスタの心の鼓動です。キリストとの一致と他者との出会い。みなさん、ご一緒にこれがわたしたちカテキスタの心の鼓動かどうか、それぞれ自分自身に尋ねましょう。収縮と拡張を伴った動きかどうか問いかけましょう。わたしたちは主に育てられました。ですから主を自分のところだけに留めておかず、他者のところに出かけて行き主を告げなければなりません。実際、カテキスタが何もせずじっと自分のところだけに留まっているというのは、わたしにはわかりません。まったく理解できません！

第三番目のポイントもキリストと共に新しく出発することと関連しています。つまり恐れずにキリストと共に「周辺」に出かけて行くことです。ここでわたしはヨナの物語を思い出します。彼はたいへん興味深い人物です。今日のように大きな変革と不確実な時代においてはとくにそうです。ヨナは神を敬う物静かな人で規律正しい生活をしていました。そのため彼はものごとや人の行いを単純に掟に従い判断していました。彼は自分にはすべてのことがわかり、いま自分に真実があると思っていました。また彼は厳格な人でもありました。ですから主が彼を呼び、異端の大都市ニネベに行き説教するように命じたとき、彼は拒否しました。ニネベは彼の心の安全圏の外にあったからです。彼の世界から遠く離れたところにあったのです。だから彼は船着場まで走って逃げ、スペイン行きの舟に乗り込みました。ヨナの書をもう一度読んでみてください。この書は短いですが、教会活動をしている者にとって学ぶべき点がたくさんありますから。

いったいこの書はわたしたちに何を教えてくれるのでしょうか。わたしたちが自分の安全地帯から出て神に従うことを教えてくれます。なぜなら神はいつもわたしたちを押し出し前に進むように促すからです。ほんとうのことです。神に恐れはありません。わかっていましたか。神は恐れることを知りません。神の視野はつねにわたしたちの狭い視野よりもはるかに大きいのです。神は「周辺」を恐れてはいません。あなたがたが「周辺」に行けばそこで神を見つけるでしょう。神はいつも忠実で創造的です。しかし、創造力のないカテキスタはいるのでしょうか。創造力こそカテキスタの原動力なのです。それは神が創造的であり、閉ざされた方ではないからです。神はけっして頑固ではありません。神は厳格な方ではありません！　神はつねにわたしたちを歓迎し、出会い、理解してくださる方です。

忠実であるために、創造的であるために、わたしたちは変わることができなければなりません。変わること！　なぜわたしたちは変わらなければならないのでしょうか。それは福音を告げる場と状況に適応しなければならないからです。神と共にいるためには、わたしたちは出かけて行く方法を知っておかなければなりません。わたしたちは出かけて行くことを恐れてはなりません。もしカテキスタが恐怖に屈するならば、彼らは臆病者です。カテキスタが安易な道を求めるならば、彼らは博物館に飾ってある像と同じになってしまうでしょう。残念ですがこんなカテキスタが大勢います。お願いですから、博物館の像をこれ以上増やさないでください。博物館の像はもういりません。頑固なカテキスタは、ひからびてしぼんでしまいます。わたしはみなさんに尋ねます。卑怯者や博物館の像、そしてひからびしぼんだ者になりたいですか。そうなることがあなたがたの望みですか。（カテキスタはノーと答えました。）ノーですね。ほんとうにそうですか。たいへん結構です！　これから話すことをよく聞いてください。これは前に何度も話したことがありますが、もう一度くり返します。なぜならわたしは心からそう信じているからです。

わたしたちキリスト者が自分たちのグループ、活動サークル、教区などの小さな世界に閉じこもっているならば、わたしたちは閉ざされたままです。そして閉ざされた世界に起こることはわたしたちにも起きます。つまり閉ざされた部屋にいると、息苦しくなり、病気になるのです。キリスト者が外に出て「周辺」に行けば、外に出て行く他の人たちと同様に危険な目に遭うこともあります。事故に遭うかもしれません。実際、道路では多くの事故が起きています。しかし、これだけはぜひみなさんに伝えておきます。わたしは病んでいる教会よりも何千倍も傷ついた教会を望んでいます。内にこもり、勉強好きで物知りのカテキスタよりも、勇気をもって外に出かけて行く教会やカテキスタのほうを心から望んでいます。閉じこもると人は病み、時には頭も病んでしまいます。

しかし注意が必要です。イエスはけっして自分勝手に出かけて行けとは言っていません。そうではありません。彼はそんなことを言っているのではなく、「出かけて行きなさい、わたしが一緒だから」と言っています。なんと美しい言葉でしょう。主がわたしたちを導いてくださるのです。わたしたちが神の福音を、愛とほんものの使徒的精神と勇気を持ち、出かけて行くときには、主はわたしたちと共に歩み、わたしたちの前を行き、目的の地に先に着いておられます。スペインでよく使われる言葉「nos primerea ＝神をいつも一番に」という意味です。もうわかりますね。聖書のつぎの言葉と同じ意味です。主は、「わたしはアーモンドの花が好きだ」と言われました。なぜでしょう。それは春に一番先に咲くからです。神をいつも一番に置きましょう。もっとも根本的なことだからです。神はわたしたちよりいつも先におられます。わたしたちは、遠くへ、「周辺」へ行こうとすると怖くなります。しかし「周辺」には神はすでにおられるのです。イエスはそこにいる人びとの心に、傷ついたからだに、困難のうちに、不信仰のうちにおられます。「周辺」に行ったとき、わたしの心が引き裂かれる経験をお話ししましょう。それはわたしが最初に任された教区で見たことです。十字の切り方を知らない子どもたちがいたのです。ブエノスアイレスには十字の切り方を知らない子どもがたくさんいました。ここも「周辺」のひとつなのです。イエスはそこにいます。彼はそこであなたがたがその子どもたちに十字の切り方を教えてくれるのを待っています。イエスはいつもみなさんの先にいるのです。

親愛なるカテキスタのみなさん、以上がわたしの話したかった三点です。キリストと共にいつも新しく出発しましょう。みなさんのすべての働きに感謝しています。とりわけ、あなたがたは教会の一部であり、旅する神の民であり、旅する神の民に寄り添われていることに感謝いたします。キリストのうちに留まりましょう。キリストに従い、いつも彼のうちに留まることができるよう祈りましょう。彼と一致するようにしましょう。彼に従って、愛を実践し、すべての人との出会いを求めて出かけて行くようにしましょう。出かけて行き、戸を開き、福音を告げるために勇気をもって新しい道を捜しましょう。

# 第2章

# 貧しい人たちのための貧しい教会

# 6 貧しい人たちの叫びを聴く

『福音の喜び』no.186-198　2013年11月24日

わたしたちは、自らを貧しくされ、貧しい人たちと社会から見捨てられた人たちにいつも寄り添われたキリストを信じています。この信仰によって、わたしたちは、社会の中でもっとも無視されている人たちと共に生きていくことに深い関心があります。

一人ひとりのキリスト者とその共同体は、神の道具として、貧しい人びとを貧しさから解放し、彼らが成長して社会の一員となるために手を差し出すよう神から呼びかけられています。これを実現するために、わたしたちは貧しい人びとの叫びに素直に耳を傾け、彼らを手助けしなければなりません。聖書を少し読むだけで、いかにわたしたちの御父が貧しい人びとの叫びをよく聞かれたかがわかります。「……わたしは、エジプトにいるわたしの民の苦しみをつぶさに見、追い使う者のゆえに叫ぶ彼らの叫び声を聞き、その痛みを知った。それゆえ、わたしは降って行き、エジプト人の手から彼らを救い出し、この国から、広々としたすばらしい土地、乳と蜜の流れる土地、カナン人、ヘト人、アモリ人、ペリジ人、ヒビ人、エブス人の住む所へ彼らを導き上る……今、行きなさい。わたしはあなたをファラオのもとに遣わす。わが民イスラエルの人々をエジプトから連れ出すのだ」（出エジプト記３：７―８、10）。また御父が貧しい人びとに必要なものにどれほど気を配られておられたかがよくわかります。「イスラエルの人々が主に助けを求めて叫んだので、主は彼らのために一人の救助者を立てられた。これがベニヤミン族のゲラの子、左利きのエフドである。イスラエルの人々は貢ぎ物を彼の手に託して、モアブの王エグロンのもとに送った」（士師記３：15）。もしもわたしたちが神の道具として、貧しい人びとの叫びを聞かなかったとしたら、わたしたちは神の意志と計画に逆らう者となります。そして貧しい人びとは、「……あなたを主に訴えるならば、あなたは罪に問われよう」（申命記15：９）と言うでしょう。また彼らの必要なものがわからなければ、神とわたしたちとの関係が直接影響を受けるでしょう。「その人が恨みを込めてお前を激しく呪えば、造り主は、彼の願いを聞き入れられる」（シラ書４：６）と。昔からよく言われていましたが、つぎのことを思い出しました。「世の富を持ちながら、兄弟が必要な物に事欠くのを見て同情しない者があれば、どうして神の愛がそのような者の内にとどまるでしょう」（ヨハネの手紙一3：17）。使徒ヤコブが圧迫された人びとの叫びについてつぎのようにはっきりと述べていることを忘れてはなりません。「御覧なさい。畑を刈り入れた労働者にあなたがたが支払わなかった賃金が、叫び声を上げています。刈り入れをした人々の叫びは、万軍の主の耳に達しました」（ヤコブの手紙5：4）と。

教会は、この願いを聞くことが、わたしたちのうちにある恵みにより自由に生まれてくることを理解しています。ですからこれは、数人の人だけに課された問題ではありません。「あわれみの福音と人類への愛に導かれた教会は正義の叫びを聞き、それに全力で答えようとします」。この意味でイエスは弟子たちにつぎのように命令されました。「あなたがたが彼らに食べ物を与えなさい」（マルコによる福音書6：37）。つまり構造的な貧困の原因を取り除き、貧しい人びとの全人的な成長を助けること、そして毎日ほんとうに必要なものを共有することです。連帯という言葉は少し使い古され、ときに誤解されていますが、ほんとうは、単発の慈善活動ではなくそれを超える活動を意味しています。新しい共同体的な考え方で、すべての人の生活は、少数の者が独占しているものに優先するということです。

教会が、貧しい人びとを優先するのは、文化的、社会学的、政治的そして哲学的なことよりも、神学的にもっとも大切であるからです。神は、貧しい人びとに、「神の最初のいつくしみ」を示されました。この神の選択はすべてのキリスト者の信仰に関係しています。なぜならわたしたちはこの心を持つように招かれているからです。「……心がけなさい。それはキリスト・イエスにもみられるものです」(フィリピの信徒への手紙2：5)。この聖書の言葉に励まされ、教会は貧しい人びとを優先的に選択する道を選びました。ですからこれはキリスト者が慈善活動をするときの特別な優先順位となり、教会はこのことの証人となりました。ベネディクト16世は、「この選択は、キリスト者の信仰の根本にあります。なぜなら神はわたしたちをご自身の貧しさで豊かにするために貧しくなられたからです。教会が貧しく、そして貧しい人びとのためにあるのはこのためです。貧しい人びとは多くのことをわたしたちに教えてくれます。彼らはただ信仰を分かち合ってくれるだけでなく、彼らは困難なとき、苦しんでいるキリストのことを知っています。ですからわたしたちは彼らから福音を告げてもらわねばなりません。彼らはわたしたちにたくさんのことを教えてくれます。新しい福音は、彼らの生活のうちに救いの力が働いていることを認め、彼らを旅する教会の中心に置くように招いています。神は、キリストを彼らのうちに見出し、彼らの力になるだけでなく、彼らの友となり、彼らの声を聞き、彼らの側に立って話し、そして神が彼らを通してわたしたちと分かち合おうとする神秘的な知恵を持つようにわたしたちを招かれています。

# 7 一致の家

一般謁見　2013年9月25日

ミサの信仰宣言の中で、わたしたちは、「……唯一の教会を信じます」と唱えます。すなわち、わたしたちは、教会は唯一であり、もともとひとつであることを信じていると宣言します。しかし世界中にあるカトリック教会を考えると、すべての大陸にほぼ3千の教区があり、そこにはたくさんの言語、そして文化があります。いまシュリランカ、南アフリカ、インド、ラテンアメリカ出身の司教が大勢ここに集まっています。しかしこれら何千ものカトリック共同体はひとつです。いったいなぜなのでしょうか。

「カトリック教会のカテキズム要約」によれば、カトリック教会は「ただ一つの信仰、ただ一つの秘跡の生活、唯一の使徒継承、共有する一つの希望そして同じ愛」(no.161) を持っていると定義されています。そしてこの美しく明確な定義はわたしたちを正しく導いてくれます。信仰、希望、愛による一致、秘跡による一致、奉仕による一致、これらは教会を支える柱です。わたしたちがどこへ行ったとしても、たとえ地球上のもっとも離れたところにあるもっとも小さい教会に行ったとしても教会はひとつです。わたしたちは家庭にあり、家族であり、兄弟姉妹です。これは神の偉大な贈りものです。教会は、わたしたち全員にとってひとつです。ヨーロッパ人のためだけのひとつの教会、アフリカ人のためだけのひとつの教会、アメリカ人のためだけのひとつの教会、アジア人のためだけのひとつの教会ではありません。さらにオセアニア人のためだけのひとつの教会でもありません。教会はひとつであり、どこにあっても同じです。家族と同じです。家族の誰かが家から離れたところにいるかもしれません。世界中に散らばっているかもしれません。しかしみんながどんなに離れていても家族の絆は固くひとつに結ばれているのです。

わたしは、例えば、リオデジャネイロのワールドユースデイで経験したことをいま考えています。コパカバーナビーチに切れ目なく大勢の若者が集まりました。そこでは異なった言葉が話され、異なった顔立ちをした若者たちがおり、そして異なる文化がありました。しかし同時にそこには深い一致がありました。ひとつの教会がありました。みんな一致を感じていました。自分自身に問いかけてみましょう。自分はカトリックとしてこの一致を感じているか。カトリックとしてこの教会の一致を生きているか。あるいはこの一致は何の関係もないか。それは自分が自分の小さなグループや自分自身だけに興味があるからか。自分は教会を自分自身の中に、自分の国の中に、自分の友人の中だけに閉じ込めている人びとの一人か。利己心や信仰の欠如から教会を私的なものにしているのを見るのは悲しいことです。ほんとうに悲しい！　多くのクリスチャンが世界中で苦しんでいるのを聞いたときに、わたしはそのことに無関心なのか、それとも自分の家族のひとりが苦しんでいるように感じるのか。多くのクリスチャンが迫害され信仰のために自らの命を投げ出しているのを考えたり、あるいは聞いたときに、何も自分の心に感じないのですか。イエス・キリストのために命を与える兄弟姉妹に心を開いていますか。お互いのために祈っていますか。あなた方に質問があります。声を出さずに自分の心の中で答えてください。迫害されているクリスチャンのためにあなたがたは祈っていますか。祈っている人は何人いますか。心の中で答えてください。信仰を告白し、信仰を守るために困難にある兄弟のために、そして姉妹のためにあなたがたは祈っていますか。自身の枠を超えてものを見ること、わたしたちが神におけるひとつの家族であり、教会であることを感じることは大切なことです。

もう一歩踏み込んだ問いを自分にしてみましょう。この一致には傷がありますか。この一致を傷つけることができるでしょうか、と。不幸なことに過去の歴史を見ると、傷をつけた事例がたくさんあります。そしていまでもつねにわたしたちは、傷のない一致のうちにあるとは言えません。ときに誤解や対立、緊張、分裂があり、教会を傷つけています。その結果教会はわたしたちが見たいと思っている顔を失っています。教会は神が望まれる愛を見せてはいません。教会を傷つけているのはわたしたちなのです。一致のためには努力が必要なのは十分わかっていますが、クリスチャンの間でも、カトリック、ギリシャ正教、プロテスタントという具合にまだ分かれています。神はわたしたちに一致をくださいました。しかし、わたしたちはその一致を実践することに多くの問題を抱えています。交わりを作ること、交わりを教えること、誤解や分裂をなくしていくことが必要です。まず家族から始め、つぎに教会、そして諸宗教間の対話が必要です。世界は一致を必要としています。現代は一致を求めている時代です。和解、交わりが必要です。そして教会は交わりの家です。

聖パウロは、エフェソの信徒につぎのように言いました。「そこで、主に結ばれて囚人となっているわたしはあなたがたに勧めます。神から招かれたのですから、その招きにふさわしく歩み、一切高ぶることなく、柔和で、寛容の心を持ちなさい。愛をもって互いに忍耐し、平和のきずなで結ばれて、霊による一致を保つように努めなさい」（エフェソの信徒への手紙4：1―3）。謙虚さ、柔和さ、寛大な心と愛こそ一致を保つことができるのです。これこそほんとうに教会が歩むべき道です。もう一度よく聖パウロの声を聴きましょう。見栄と傲慢に対する謙虚さ、すなわち謙虚さ、柔和さ、寛大な心と愛が一致を保つようにしてくれます。聖パウロは、続けてつぎのように言っています。「体は一つ、霊は一つです。それは、あなたがたが、一つの希望にあずかるようにと招かれているのと同じです。主は一人、信仰は一つ、洗礼は一つ、すべてのものの父である神は唯一であって……」（エフェソの信徒への手紙4：4―6）。わたしたちを一致させるものの豊かさ！　本物の富はわたしたちを分裂させるものでなく一致させるもの。これこそ教会の富です。今、自分につぎのように問いかけましょう。「家族の一致に、教会の一致に、共同体の一致に努めているか。ゴシップをまきちらしていないか。分裂や障害の原因になっていないか」と。ゴシップが教会や教区や共同体に害を及ぼすことはよくわかっていますね。口を固くすることです。舌を噛みなさい。そうすれば、舌が腫《は》れ、話ができなくなり、ゴシップを言うことができなくなります。「わたしは犠牲を通して忍耐強く共同体の傷口を謙虚に繕《つくろ》っているでしょうか」と自分自身に問いかけてください。

最後に、もっと深い理解をするための質問があります。それは「誰が教会の一致の原動力ですか」という問いです。答えは聖霊です。洗礼と堅信の秘跡のときにいただいたたまもの、聖霊なのです。わたしたちの一致は、根源的には、教会での協議や民主的なやり方で得られる結果ではなく、またお互いに仲良くすることの結果でもありません。むしろ一致の原動力は、多様性の中に一致をもたらす唯一のもの、聖霊の働きの結果なのです。なぜなら聖霊はいつも異なった文化、言葉、考え方の中に調和と一致をもたらします。聖霊こそが一致の原動力です。聖霊を求める祈りが大切になります。わたしたちが霊的な交わりと一致を求める揺るぎない心で祈ることです。教会に一致がきますように聖霊に祈りましょう。

主に願いましょう。主よ、わたしたちがもっと一致しますように。分裂の道具となりませんように。聖フランシスコの祈りのように、憎しみがあるところに愛を、争いがあるところにゆるしを、分裂があるところに一致をお与えください。

# 8 すべての人を歓迎する家

一般謁見 2013年10月2日

信仰宣言で「……聖なる……教会を信じます」と言い、形容詞の「聖なる」という言葉を加え、教会の神聖さを確認します。これは初期のキリスト者の意識にあった特徴です。彼らは自分たちを「聖なる者」と呼んでいました（使徒言行録9：13、32、41：ローマの信徒への手紙8：27：コリントの信徒への手紙一6：1）。なぜなら彼らは教会を聖化するのは神の業《わざ》、聖霊の働きだと固く信じていたからです。

しかしどういう意味で教会が聖であると言っているのでしょうか。実際は、教会には何世紀もの歴史の中で、多くの困難や問題があり、また暗黒の時がありました。それなのにどうして人間や罪人からなる教会が聖なのでしょうか。罪深い男女、司祭、修道女、司教、枢機卿、教皇がいたではありませんか。みんなそうでした。どうしてそのような教会が聖なのでしょうか。

この問いに答えるために、聖パウロがエフェソのキリスト者へ送った手紙の一部を紹介しましょう。聖パウロは模範的な家族関係を例にとってつぎのように言っています。「キリストが教会を愛し、教会のために御自分をお与えになったように……教会を清めて聖なるものとし……」（エフェソの信徒への手紙5：25－26）。キリストは自らを十字架の上で与えるほど教会を愛しました。そしてこれは教会が聖である神に由来するという意味です。彼は教会に忠実であり、死と悪の力に教会を渡しませんでした（マタイによる福音書16：18参照）。教会は神聖です。なぜならイエス・キリスト、神の聖者（マルコによる福音書1：24参照）は、教会と分けられないほどひとつなのです（マタイによる福音書28：20参照）。教会は神聖です。なぜなら教会は聖霊に導かれているからです。聖霊は教会を純化し、変容し、刷新するからです。教会はそれ自体が神聖であるのではなく、神が教会を神聖なるものとするからです。これは聖霊のたまもの、神の贈りものです。わたしたちが神聖とするのではなく、神と聖霊がその愛で教会を神聖なものとするのです。

でもあなたがたは、「教会には罪人がいます。罪人を毎日見ています」と言うかもしれません。たしかにそれは真実です。わたしたちは罪人の教会の一員です。わたしたち罪人は、変容、刷新、そして神によって聖化されるように招かれています。歴史上教会にはただ純粋で完全に言行一致した人びとだけがいて、そうでない他者は排除されていたと言えるかもしれませんが、これは真実ではありません。これは異端です。聖である教会は罪人を拒否しません。教会は誰も拒絶しません。教会が、わたしたちを拒むことはありません。なぜなら教会はすべての人びとを招き、歓迎しているからです。教会からもっとも遠く離れている人びとにも開かれているからです。教会は神のいつくしみ、やさしさ、ゆるしによって彼らが来ることを拒みません。なぜなら御父はすべての人びとが彼と出会い、共に聖なるものへと旅することができる可能性をお与えになる方だからです。

「神父さま、わたしは罪人です！　わたしはたくさんの罪をおかしました。なのにどうして教会の一員であると感じることができるでしょうか」。親愛なる兄弟姉妹よ、これこそまさに主があなた方に望んでいることです。「主よ、わたしは御前にいます。たくさんの罪と共に」。ここにいる人で罪のない人はいますか。罪のない人は一人もいません。しかし主は、わたしたちが主に向かって、「お許しください、わたしと共に歩んでください。わたしを変えてください」と言うのを望まれています。主はわたしたちを変えてくださることができるからです。教会でわたしたちが出会う神は、あわれみのない審判者ではなく、福音書にある父親のような方です。あなたがたは父を捨てた息子です。福音からもっとも深いところに沈み遠く離れたところにいる息子です。あなたに「家に帰りたい」という強い思いがあれば、扉が開かれていることがわかるでしょう。神はあなたに会いに来られるでしょう。なぜなら神はあなたをいつも待っているからです。神はいつもあなたを待っています。神はあなたを抱擁し、接吻し、あなたの帰りを祝福するでしょう。これが主です。天の父のやさしさです。主はわたしたちが教会と共にあることを望まれています。教会は少数の人びとだけのものではなく、すべての人びとのものです。いつも腕を広げあなたがたを待っています。そこでは強い人でも弱い人でも、罪人でも、無関心な人でも、失意の人でも、うちひしがれた人でもみんな神の愛によって新しい人に変容し、聖なる人となります。

教会は聖なる者になるための道についてありとあらゆる可能性を与えてくれます。聖なる者への道はキリスト者の道です。教会で、わたしたちはイエス・キリストに、秘跡、とくにゆるしの秘跡と聖体の秘跡を通じて出会います。教会は神の言葉を伝えてくれます。教会はわたしたちが神の慈愛に生き、すべての人を愛する神の愛に生きるようにしてくださいます。では、自分自身に問いかけてください。聖なる者になろうとしていますか。罪人を、手を広げて歓迎する勇気と希望を持った教会ですか。それとも自分の殻に閉じこもった教会ですか。神の愛があり、お互いを大事にし、共に祈る教会ですか。

最後の質問です。弱くてもろい罪人のわたしに何ができるでしょうか。神はあなたに言われました。「聖なる人となることを恐れるな。高みを望むことを恐れるな、神の愛にゆだね、純化してもらいなさい。聖霊に導かれるのを恐れるな」。神の神聖さにふれましょう。すべてのキリスト者は聖なる人となるよう呼ばれています（教会憲章 no.19–42）。聖なる者になることとは何か特別なことをすることではありません。神がなされるのに自らをゆだねることです。それはわたしたちの弱さと神の恵みの強さとの出会いです。わたしたちが神の愛のうちに生きるようにしてくださる神の業《わざ》を信じることです。神の栄光のために喜びと謙虚な心を持って、隣人への奉仕に全力を尽くしてください。フランスの作家レオン・ブロワは、死の床で、人生のほんとうの悲しみは聖人になろうとしないことだと言いました。主はわたしたちを待っています。腕を広げて待っています。わたしたちが聖なる人となるよう寄り添って歩んでくださいます。信仰の喜びを生きましょう。主の愛に任せましょう。祈りによってこの神のたまものをわたしたちのために、また他者のために願いましょう。

# 9 調和の家

一般謁見 2013年10月9日

信仰宣言に「……普遍の……教会を信じます」とありますが、今日はこの普遍という言葉について考えましょう。教会は普遍的、あるいは教会のテーマは〝普遍年〟などと言うことがあります。では〝普遍〟とはどういう意味で使われているのでしょうか。この言葉の語源は、ギリシャ語のkath'olon（すべてによって）に由来し、完全であることを意味しています。この完全という言葉は教会に対してどのように適用されているのでしょうか。教会が普遍的というのはどういう意味なのでしょうか。つぎの三つの意味があると思います。

第一に、教会が普遍的であるという意味は、教会が、わたしたちに信仰を完全に告げ、キリストによる救済がすべての人びとに与えられる空間、つまり家であるからです。教会でわたしたちは神のいつくしみと出会い、変容します。なぜなら教会にはイエス・キリストが現存しており、イエス・キリストは教会に真の信仰、秘跡に満ちた生活、司祭職をお与えになったからです。ですからわたしたちは教会のうちに、わたしたち一人ひとりが信ずること、キリスト者として生きること、聖となること、そしてすべての場所と時代を旅するのに必要なものを見出すことができます。

例えば、それは家庭生活に似ています。家庭では成長すること、成熟すること、生きることに必要なものはすべて与えられています。わたしたちは自分だけでは成長できません。わたしたちだけでは旅もできません。むしろわたしたちは隣人と共に、家族と共に旅をします。まさにこれが教会です。わたしたちは教会で神の言葉を聞き、主がわたしたちに与えられたメッセージを信じます。教会でわたしたちは秘跡のうちに主に出会います。秘跡は開かれた窓です。そこから神の光が差し込み、神の命をくみ上げます。教会で神から共に生きること、愛することを学びます。いま自分につぎの質問をしてみましょう。教会の中でどのように生活していますか。教会は、競技場やサッカースタジアムに行ったときと同じでしょうか。映画館に行ったときと同じでしょうか。いいえ、まったく違うでしょう。わたしたちはどうして教会へ行くのでしょうか。教会でキリスト者として成長し、成熟するのに必要なたまものをどのようにしていただくのでしょうか。共同体の生活に参加していますか。あるいは教会に行くけれど他者とかかわりを持たず、自分の殻に閉じこもったままですか。この一番目の意味で教会は普遍的です。なぜなら教会はすべての人びとの家だからです。一人ひとりが教会の子だからです。教会にはすべての人にそれぞれの家庭のような居場所があります。

教会が普遍的という二番目の意味は、教会が全世界的であるからです。教会は世界中のいたるところに広がっており、福音をすべての男女に告げ知らせています。教会はエリートの集団ではありません。教会は少数の人たちだけのものではありません。教会には垣根がありません。教会はすべての人びと、全人類のためにいたるところへ派遣されています。そして同時に教会はもっとも小さいところにもあります。たとえば、誰でもわたしの小教区にカトリック教会がありますと言うことができます。なぜならその小教区の教会も普遍的教会の一部だからです。そこには教会のすべてのたまものがあります。すなわち、信仰、秘跡、叙任された職位があります。その教会には司教や教皇との交わりがあります。そして教会には何の差別もなく誰にでも開かれています。教会は尖塔の影ができる範囲にあるのではなく、むしろ同じ信仰を持つ非常に多くの人びとや国々を包み込んでいます。同じ聖体により育まれ、同じ牧者が仕えています。わたしたちはすべての教会と一致しており、世界中の大小の教会共同体と一致していることを感じています。何と美しいことではないでしょうか！　だからわたしたちは教会の大小を問わず、同じミッションのために、それぞれが自分の扉を開き福音のために出かけて行かなければなりません。わたしたちは、主との出会い、教会共同体の一員としての喜びを隣人に伝えるために何をしたらよいのでしょうか。信仰を宣言し、あかしすることは少数の人だけのものではありません。それは、わたしだけでなく、みなさんにも、すべての人一人ひとりに関係することです。

三番目の意味です。教会が普遍的であるのは教会が調和の家だからです。大きな富の源泉となる一致と多様性が統合されるところだからです。オーケストラをイメージしてください。そこには異なった楽器の演奏によって一致と調和が生まれます。それぞれの楽器には異なる音色があり、それぞれの音の特徴が楽器のテーマと溶け合っています。そして一人の指揮者がいます。交響曲が演奏されると全員でひとつのハーモニーを生み出します。そこではそれぞれの楽器の音色はかき消されることなくそれぞれの特徴がさらに引き立てられひとつになります。

なんと素晴らしいイメージではありませんか！ 教会はオーケストラのように一致の中に多様性があります。わたしたちはみんな同じではありません。また同じである必要もありません。わたしたちはみんな異なっています、さまざまです。それぞれが特別の個性を持っています。そしてこれこそが教会の美しさとなるのです。それぞれが自分のたまものを持っています。これらのたまものはお互いが向上するために神がくださったものです。異なった部分があるからこそ多様性が生み出されます。多様性は対立や戦いを生みません。多様性から聖霊は調和を生み出します。聖霊こそ真のマエストロです。神は調和です。自分に問いかけてみましょう。わたしたちの共同体には調和があるでしょうか。あるいは議論ばかりしているのでしょうか。わたしの小教区共同体は、わたしの活動グループは、わたしが所属している教会のグループは、ゴシップだらけなのでしょうか。ゴシップがあるところには調和はありません。対立だけがあります。そしてこれはもはや教会とは言えません。教会は調和です。教会には隣人のゴシップや議論があってはなりません。隣人を受け入れましょう。それぞれの人にはその人らしい個性があります。つまり各人の個性を認め、その人の考え方を尊重しましょう。同じひとつの信仰を持っていても、ものごとについて違った考えを持つことは可能です。しかしわたしたちはすべてを同じ色にしようとしていませんか。同じ色に染めてしまうことは命を殺します。教会の生活は多様性に富んでいなければなりません。同じ色になることを押しつけると聖霊のたまものを殺すことになります。

聖霊に祈りましょう。聖霊こそ多様性の中に一致と調和を生み出します。聖霊はわたしたちをもっと〝普遍的〟にしてくれます。わたしたちの教会は〝普遍的〟なのです!

## 10 福音を全世界へ広げるため派遣されて

一般謁見 2013年10月16日

信仰宣言のとき、「……使徒的……教会を信じます」と言いますが、わたしたちは「教会が使徒的である」ということの意味をよく考えたことがあるでしょうか。多分、ローマに行ったときに、ときどき使徒ペトロとパウロの重要性について考えたことがあるくらいでしょう。二人が福音を告げあかしするためにこの地で殉教したことを思い出すからでしょう。

しかしそれだけではありません。教会が使徒的であることを宣言することは、教会が使徒たちと本質的なきずなを結んでいることを強調するためです。12人の使徒は、ある日イエスが自ら自分のところへ招かれた人たちです。イエスは一人ひとりの名前を呼ばれました。それは彼らがイエスと共にあり、彼らを派遣して説教させるためです（マルコによる福音書3：13

—16参照）。事実「使徒」はギリシャ語で「送られる」「派遣される」という意味です。したがって、使徒とは命を受け、何かをするために送られる人を意味しています。12人の使徒は、イエスに呼ばれ、イエスの役目すなわち祈ることを引き継ぎ——使徒のもっとも大切な役目となるのですが——そしてつぎに福音を告げるために派遣された人たちです。

この点は重要なことです。使徒のことを考えるときには、わたしたちは使徒が福音を告げ、たくさんよいことをするためだけに派遣されたと考えがちです。しかし初期の教会では、実際、使徒の仕事が増えすぎ問題が起きました。そのため、使徒が十分に祈り、神の言葉を告げることができるように助祭を置くことにしました。使徒の継承者、つまり司教（教皇も司教に含まれます）のことを考えるときに、わたしたちはこの使徒の継承者である司教がまず祈り、その後福音を告げているかどうかをわたしたち自身に問いかけねばなりません。なぜなら、祈り、福音を告げることこそ使徒の役目だからです。そしてこれこそ教会が使徒的と言われるゆえんです。わたしたち一人ひとりは、使徒であろうとするならば、いまから説明するように、つぎの二つの問いを自らに発しなければなりません。「世界の救済のために祈っていますか」「福音を告げていますか」と。祈り、そして福音を告げることが使徒的教会です。そしてわたしたちは使徒たちと深いきずなで結ばれています。

ここで、教会で使われている「使徒的」という形容詞にある三つの意味を簡潔に説明しましょう。

1　教会が使徒的というのは、教会が、キリストご自身によって使徒たちにゆだねられた権限によって、使徒たちの説教と祈りの上に建てられているからです。聖パウロはエフェソの信徒に、「従って、あなたがたはもはや、外国人でも寄留者でもなく、聖なる民に属する者、神の家族であり、使徒や預言者という土台の上に建てられています」と述べています（エフェソの信徒への手紙2：19－20）。パウロはキリスト者を教会である建物を作っている生きた石にたとえ、この建物が使徒たちの上に建てられ、使徒たちがその柱であり、建物を支える隅の親石がイエスご自身であると言っています。つまり、イエスなしには教会はありません。イエスがまさに教会の土台なのです。使徒たちはイエスと共に生活し、イエスの言葉を聴き、イエスの人生を分かち合いました。そしてなによりも、使徒たちはイエスの死と復活の証人となりました。わたしたちの信仰、キリストが望まれた教会は観念的なものではありません。

哲学によって作ったものでもありません。教会はキリストご自身によって作られたものなのです。たとえて言えば、教会は何世紀にもわたって育まれ、成長して、実を結んだ植物のようなものです。けれどもそれはキリストに深く根をはっています。つまり、使徒たちがイエスによって選ばれ、わたしたちに手を差し伸べるために派遣されたという原体験があります。はじめ小さかったこの植物がいまや世界中に広がる教会となったのです。

2　しかし自らに問いかけてみましょう。どのようにして使徒たちの経験とつながることができるのでしょうか。使徒たちがイエスと経験したこと、イエスから聴いたことがわたしたちにわかるのでしょうか。この問いへの答えが「使徒的」という言葉の持つ二番目の意味です。「カトリック教会のカテキズム」は教会が使徒的であることについてつぎのように説明しています。「教会は、自分のうちに住まわれる霊に助けられて、使徒の教え、ゆだねられた善、使徒たちから聞いた健全なことばを守り伝えます」(no.857)。教会は何世紀にもわたって、この尊い宝物である聖書、教義、秘跡、司祭職を、キリストに忠実に従い、彼のその命を分かち合うことができるように、守ってきました。これはあたかも歴史の中を流れ、広がり、土地を潤していく河のようです。しかし河には源流がかならずあり、わたしたちの河の源流はキリストご自身です。すなわち、昇天され、生きているキリストなのです。キリストの言葉は流れ去ることはありません。彼はいなくなっていないからです。彼は生きており、いまわたしたちのうちに住み、わたしたちの声を聴いてくださいます。またわたしたちがキリストに話しかけるとわたしたちの声を聴いてくださいます。キリストはわたしたちの心のうちにおられるのです。これが教会の美しさです。わたしたちのうちにイエス・キリストが住んでおられるのです。みなさんはこれまで、イエスがわたしたちにくださったたまものである教会、イエスと出会うことができる教会がどれほど大切なものかを考えたことがありますか。またどれほどたくさんの困難や問題、わたしたちの弱さと罪があっても、教会は歴史の中でイエスの真の教えを伝えてきたことを考えたことがありますか。わたしたちの信仰がキリストによって伝えられたものであることを確かなものとしてくれることを、教会はあかししてきたのではありませんか。

3　最後の意味です。教会が使徒的であるのは、「教会が福音を世界中に告げるために派遣されている」からです。教会は歴史の流れの中でイエスが使徒たちにゆだねたミッションを引き継いでいるからです。「だから、あなたがたは行って、すべての民をわたしの弟子にしなさい。彼らに父と子と聖霊の名によって洗礼を授け、あなたがたに命じておいたことをすべて守るように教えなさい。わたしは世の終わりまで、いつもあなたがたと共にいる」(マタイによる福音書28：19－20)。イエスはこの言葉をわたしたちに残されました。わたしはこの中でとくにミッション的観点を強調しておきます。なぜならキリストはわたしたちを招き、「出かけて行き」、他者と出会いなさいと命じているからです。キリストはわたしたちを派遣し、福音の喜びを告げるために働くよう命じています。もう一度自分自身に尋ねてみましょう。わたしたちは言葉、とくにキリスト者としての生き方、そしてキリストの証人としてキリストの宣教者となっているでしょうか。それとも自分の心や教会の中だけに閉じこもった香部屋のキリスト者でしょうか。異邦人のように生きている名ばかりのキリスト者でしょうか。わたしたちはこの問いを自らに投げかけなければなりません。これはあなたがたを非難しているのではありません。わたし自身にも同じように問いかけているのです。「例えばわたしはいったいどんなキリスト者なのでしょうか。わたしはほんとうにキリストの証人でしょうか」と。

教会の土台は、キリストの真実の証人である使徒たちの教えです。そして、教会は明日の方向を向いています。教会はイエスによって派遣されたことを、教会の祈りの中にイエスの名を入れ、イエスを宣言し、イエスの証人となることによってはっきりと意識しています。閉じこもり、過去にしがみついている教会、細かい行儀作法だけに囚われている教会、自らのよりどころを裏切っている教会、閉ざされた教会は教会の本質を裏切っています。さあ、みなさん！　使徒的教会のすべての美しさとその責任をもう一度しっかりと見出しましょう。そして、教会が使徒的であるのは、わたしたちの第一の義務である祈ること、そしてわたしたちの生き方と言葉をもって福音を告げ知らせることにあることを覚えておいてください。

# 第3章

# 聖霊の声を聴く

# 11 聖霊にみちびかれて

一般謁見　２０１３年５月15日

教会とわたしたち一人ひとりを真理に導く聖霊の働きについて振り返ってみたいと思います。イエスご自身は弟子たちに、聖霊が「あなたがたを導いて真理をことごとく悟らせる」と話されました（ヨハネによる福音書16：13）。なぜなら彼自身が「真理の霊」であるからです（ヨハネによる福音書14：17、15：26、16：13参照）。

今日わたしたちは真理について懐疑的な時代に生きています。ベネディクト16世も相対主義についてしばしば言及されました。相対主義とは何ごとも決定的なものはなく、真理は多数意見による一致、あるいはわたしたちの好みによって決められる傾向があると言っています。したがって、つぎの問いが浮かんできます。真理はほんとうに存在するのでしょうか。

真理とは何でしょうか。わたしたちは真理を知ることができるのでしょうか。わたしの心にポンティオ・ピラトの疑問が浮かんできました。ピラトはローマのユダヤ属州総督です。イエスは彼の前でご自分のミッションの深い意味を示されました。「真理とは何か」（ヨハネによる福音書18：37、38）。ピラトは「真理」が彼の前に立っていることが理解できず、イエスに真理の顔、神の顔を見ることができませんでした。しかしイエスこそまさに真理なのです。真理であり、時満ちて人となり、わたしたちがわかるようにわたしたちの中に住むために来られました（ヨハネによる福音書1：1、14参照）。真理は物として把握されるのではありません。真理は出会いなのです。真理は所有することではなく、人となられたイエスと出会うことなのです。

しかしイエスが真理の言葉であり神である父の御子であることを誰が教えてくれるのでしょうか。聖パウロはつぎのように答えています。「聖霊によらなければ、誰も『イエスは主である』とは言えないのです」（コリントの信徒への手紙一12：3）。復活されたイエスのたまもの、聖霊によって真理がわかるのです。イエスは、自分を「パラクレートス」すなわち「わたしたちを助けにくるもの」、わたしたちのそばにあって智の旅路を共にされるものと言われました。最後の晩餐のときに、イエスは弟子たちに聖霊がすべてのことをわたしたちに教えてくださり、イエスが彼らに言ったことをすべて思い起こさせてくださると言われました(ヨハネによる福音書14：26参照)。

では、聖霊は、どのようにしてわたしたちと教会の生活を真理に導いてくださるのでしょうか。まず、聖霊はイエスが話された言葉をわたしたちの心の中に呼び起こし深く刻みつけてくれます。そしてこれらの言葉を通して、わたしたちの心に旧約の預言者が言った神の掟を刻み付け、わたしたちが日常の生活の中でものごとを決めるとき、また指導が必要なときにその判断の基準となります。生きていく上の原理となります。エゼキエルの偉大な預言はつぎのように言っています。「わたしが清い水をお前たちの上に振りかけるとき、お前たちは清められる。わたしはお前たちを、すべての汚れとすべての偶像から清める。わたしはお前たちに新しい心を与え、お前たちの中に新しい霊を置く。わたしはお前たちの体から石の心を取り除き、肉の心を与える」(エゼキエル書36：25－27)。ほんとうに、わたしたちの行いは心の一番奥深いところで決まります。したがって心が神に回心しなければなりません。そしてわたしたちが心を聖霊に開くことによって聖霊がわたしたちを神へと導いてくださいます。

　したがって、イエスが約束したように、聖霊の導きによってわたしたちは「真理をことごとく」悟ります（ヨハネによる福音書16：13）。聖霊によって真理そのものであるイエスと出会うだけでなく、真理に「向かって」わたしたちが導かれ、イエスといっそう深く一致し、神に関するすべてのことがわかるようになります。しかしわたしたちの努力だけでは達成できません。神がわたしたちを内から照らしてくださらない限り、表面的なキリスト者に留まるでしょう。教会の伝統によれば、真理の聖霊はわたしたちの心の中で働き、信仰の感覚を呼び起こしてくれます。このことについて、第二バチカン公会議はつぎのように述べています。「神の民は、聖なる教導職の指導のもと、信仰の感覚に忠実に従い、正しい判断によってその信仰をいっそう深く掘り下げ、それを生活のうちにより完全に実行していくのである」（「教会憲章」第二章12番参照）。わたしたち自身に尋ねましょう。「わたしは心を聖霊に開いているでしょうか。聖霊に光をくださるよう祈っているでしょうか。神のことについて感覚が鋭くなるようにお願いしているでしょうか。わたしたちは、『聖霊よ、わたしの心を神の言葉に向けて開いてください。わたしの心を善なるものに向けて開いてください。毎日わたしの心を神に美しさに向けて開いてください』と毎日祈らなければなりません」。みなさんに尋ねます。聖霊に毎日祈っていますか。多くの人はそうではないでしょう。しかしわたしたちは、イエスが望まれたように、毎日、聖霊に向かって、わたしたちの心がイエスに向かって開かれるように祈りましょう。

マリアのことを考えてみましょう。聖書のイエスの誕生のところで、マリアは、「……マリアはこれらの出来事をすべて心に納めて、思い巡らしていた」「……母はこれらのことをすべて心に納めていた」と書かれています（ルカによる福音書2：19、51）。このように、聖霊の働きによって、マリアは信仰の言葉と真理を受け入れ、命を授かりました。ですから、わたしたちはマリアから学ばねばなりません。わたしたちはマリアの「はい」という言葉を自分のものとして生きていかなければなりません。彼女は、神の子を無条件で、すすんで受け入れたときから変わりました。聖霊によって御父と子はわたしたちの中に住まわれました。わたしたちは神の内に住み、神のために生きています。しかしわたしたちの生活は、神によってほんとうに活性化されているのでしょうか。どれほどたくさんのものを神よりも大切にしているのでしょうか。

兄弟姉妹のみなさん、わたしたちは聖霊の光を浴び、聖霊によってわたしたちの命の主である神の真理へわたしたちを導いてもらう必要があります。信仰年にあたって、わたしたちは、もっとキリストを知るための準備をしているでしょうか。例えば、聖書を読むこと、黙想すること、公教要理を勉強すること、秘跡に定期的に与《あずか》ることをしているでしょうか。またそれと同時に、信仰をわたしたちの生活の中心とするために何をしているか自問してみましょう。わたしたちは、あるときだけ、ある状況のときだけ、何か決めるときだけのパートタイムのキリスト者ではありません。それではキリスト者にはなれません。わたしたちはフルタイムのキリスト者です。キリストの真理が、聖霊の導きによっていつも全面的にわたしたちの生活を支配するように、もっと聖霊に祈り、わたしたちがキリストの弟子の道を歩むことができるよう導いてもらいましょう。わたしはいまあなたがた一人ひとりにこのお願いをしています。毎日聖霊に祈りましょう。そうすれば聖霊によって、わたしたちはイエス・キリストにもっと近づくことができるようになるでしょう。

# 12 福音、調和、使命

聖霊降臨の日の説教　２０１３年5月19日

聖霊降臨の日、わたしたちは復活されたキリストによって教会に注がれた聖霊について黙想し、記念の典礼を行います。この恵みは、エルサレムで最後の晩餐のときその部屋を満たし、それから世界中へ広がっていきました。

しかしいったいこの日に何が起きたのでしょうか。ずいぶん昔のことですが、いまわたしたちの心にふれるぐらい近く感じるこの日に何が起きたのでしょう。使徒言行録２：１－11の中でルカはその答えを与えてくれます。福音史家は使徒たちが最後の晩餐をしたエルサレムの部屋にわたしたちを連れて行ってくれます。最初にわたしたちの注意を引くのは突然天から聞こえてくる「激しい風が吹いて来るような」音が家中に響きわたったということです。

それから炎のような舌が分かれ分かれに現れ、使徒たち一人ひとりの上にとどまったのです。音と舌の炎は使徒たちの心に外からだけでなく内の奥深いところにふれたことの明確な印です。その結果「一同は聖霊に満たされ、〝霊〟が語らせるままに、ほかの国々の言葉で話しだした」。まったく見もしなかった情景がわたしたちの目の前に起きました。大勢の群衆が集まり、みんなビックリしていました。なぜなら群衆の一人ひとりが、使徒たちがそれぞれの故郷の言葉で話していたのを聞いたからです。彼ら全員が何か新しいことを、かつて見たこともないような経験をしていたのです。「わたしたちはそれぞれ彼らがわたしたちの故郷の言葉で話していました」。彼らはいったい何のことについて話をしていたのでしょうか。それは〝神の偉大な業《わざ》〟について話していたのです。

使徒言行録のこの箇所について聖霊の働きに関連したつぎの三つの言葉を考えてみたいと思います。「新しいこと」「調和」「使命について」です。

## 1　新しいこと

新しいことにわたしたちはいつもすこしおびえます。なぜならわたしたちは、自分がすべてのものをコントロールしているとき、つまり、わたしたちが自分の考えで、自分の理解の範囲内で、自分の好みで計画を立てるときに安心感を持つからです。神についてもそうです。わたしたちはしばしば神に従い、受け入れますが、それもある程度までです。神を完全に信頼して自分自身を神にゆだねることは難しいことです。わたしたちは、神が強制的にわたしたちを神に向かって開かれたものとなるように新しい道に連れて行き、わたしたちのあまりにも狭く、閉鎖的で自己中心的な心を変えさせるかもしれないと恐れています。しかし救済史を通じて、神がご自身を現すときはいつも新しいものを示し、わたしたちに完全な信頼を求めます。すべての人たちから馬鹿にされても、ノアは箱舟を作り、そして彼は救われました。アブラムは、約束だけを頼りに自分の土地を去ります。モーセはパラオに反抗して立ち上がり、彼の民を自由へと導きます。最後の晩餐の場で恐怖のため身を寄せ合った使徒たちは、勇気をもって福音を告げるために出かけて行きました。これは単に新しければよいというということではありません。あるいはわたしたちの日常によくある退屈さからのがれるための冒険でもありません。神がもたらす新しいこととは、実際にわたしたちの人生を満たす何かです。それは喜び、真実の静けさです。なぜかというと神はわたしたちを愛しているので、わたしたちによいことしか望まれません。いまわたしたち自身に問いかけてみましょう。わたしたちは、神が与える驚きに心を開いているでしょうか。あるいは、わたしたちは新しい聖霊を前に心を閉ざしおびえているでしょうか。わたしたちは勇気をもって神が示された新しい道に踏み出すことができるでしょうか。あるいは抵抗して新しいものに心を開く力を失い、この世のものの中に閉じこもっているのでしょうか。今日一日このことを考えてみましょう。

## 2　二番目の考え

聖霊は教会に混沌を創り出すように見えます。なぜなら聖霊は多様性に富んだカリスマと恵みをもたらすからです。これらは神のみ業《わざ》であり、富の偉大な源泉です。なぜなら聖霊は一致の霊です。けっして画一性を意味するのではありません。聖霊はすべてを調和へと導き、教会において調和を創り出します。わたしの好きな教父のひとりはつぎのように言っています。聖霊そのものが調和なのです（Ipse harmona est.）。ただ聖霊によってのみ、一致の中に、多様性、多元性、多数性に気づくことができます。しかしここでわたしたちが多様性を創ろうとして、わたしたちを相違のうちに閉じ込めてしまうなら、わたしたちは分裂を創ることになります。また、わたしたちが人間の計画に従って一致を創ろうとするなら、画一的で標準化されたものを創ることになってしまいます。そうではなく、聖霊に従うならば、豊かさ、相異性、多様性はけっして対立のもとにはなりません。なぜなら聖霊によって教会は一致のうちに多様性を経験することができるからです。特別のカリスマと聖なる役目を持った教会の牧者の指導のもとに、わたしたちが教会の中で共に旅することができるのは聖霊の働きがあるからです。教会を意識することは、すべてのキリスト者、共同体、活動の基本です。教会がキリストをわたしに、そしてわたしをキリストに近づけてくれるのです。ですから教会なしでひとりで旅をするのはたいへん危険です。わたしたちが教会の教えと共同体から離れることについて、ヨハネは彼の第二の手紙で、「だれであろうと、キリストの教えを越えて、これにとどまらない者は、神に結ばれていません。その教えにとどまっている人こそ御父も御子もおられます」と言っています（ヨハネの手紙二：9）。自らに問いかけましょう。わたしは、ありとあらゆる排除に打ち勝つ聖霊の調和に心を開いているでしょうか。聖霊の導きに従っているでしょうか。教会のうちに共に生きているでしょうか。

### ３　最後の考え

年輩の神学者が、「魂は舟のようだ。聖霊は帆をふくらませ舟を前進させる風だ。この力と神の恵みがなければ舟は前進できない」と言っていました。聖霊によってわたしたちは現存する神の神秘に近づき、聖霊が不可知論者、自己中心的で閉鎖的な人たちの脅しから教会を守ってくれます。聖霊はミッションの魂です。二千年前にエルサレムで起きたことはけっして遠い昔のことではありません。わたしたちにかかわりがあり、わたしたち一人ひとりの中にある経験です。それはエルサレムの最後の晩餐で聖霊が降臨したときから始まり、いまに続いています。聖霊は、昇天したキリストが使徒たちへ贈った最高のたまものです。キリストはこのたまものがすべての人たちに行き渡るよう望んでいます。ヨハネによる福音書で、イエスは、「わたしは父にお願いしよう。父は別の弁護者を遣わして、永遠にあなたがたと一緒にいるようにしてくださる」（ヨハネによる福音書14：16）と言っています。それは聖霊であり、慰めを与えてくださるもので、わたしたちが福音をこの世の中で告げ知らせる勇気を与えてくれます。イエス・キリストを告げるために、聖霊によって、わたしたちは、遠く地の果てを望み、そこに導かれます。自分に問いかけてみましょう。わたしたちは自分の中、あるいは自分たちのグループの中だけに閉じこもっていませんか。わたしたちは聖霊が新たなミッションをくださるよう心を開いていますか。いまこそ新しいもの、調和、そして使命という言葉を心に留めましょう。

# 第4章

# 告げることとあかしすること

# 13 恐れるな

レジーナ・チェリ（天の元后）、説教　2013年4月14日

復活節第三主日の聖書朗読（使徒言行録5：12－42）を振り返ってみましょう。この聖書朗読は、使徒たちがエルサレムで初めて説教を行い、イエスが聖書のとおりほんとうに復活し、また預言者たちの預言のとおり救い主であったことを伝えたと述べています。大祭司とサドカイ派の人びとは新たに生まれたキリストを信じる人びとの集まりを潰そうとしていました。そして使徒たちを捕らえ牢獄に入れ、彼らにキリストのことを話してはならないと命令しました。しかしペトロと11人の使徒たちは、「……人間に従うよりも、神に従わなくてはなりません。わたしたちの先祖の神は……この方を導き手とし、救い主として、御自分の右に上げられました。わたしたちはこの事実の証人であり、また、神が御自分に従う人々にお与えになった聖霊も、このことを証ししておられます」（使徒言行録5：29－32）と答えました。そ

のため大祭司たちは使徒たちを鞭で打ち、再びイエスの名によって話してはならないと命じました。そして使徒たちは聖書が、「……イエスの名のために辱めを受けるほどの者にされたことを喜び……」（使徒言行録5：41）と述べたように最高法院から出て行きました。

最初にキリストに従った使徒たちがあかす人となった力はどこから出てきたのでしょうか。またその力だけでなく、困難や暴力にも屈せず喜びを持って行動した勇気はどこから出てきたのでしょうか。使徒たちは純朴な人たちでした。彼らは書記官でもなく、法学者でもなく、また司祭でもありませんでした。このように教養もない人たちが官憲の圧迫にもかかわらずどのようにしてエルサレム中に教えを広めることができたのでしょうか（使徒言行録5：28参照）。この事実は、明らかに復活した主が使徒たちと共にあり、聖霊の働きによるものであることを示しています。使徒たちと共にある主と聖霊の働きによってのみこの途方もない事実の説明ができます。使徒たちの信仰は、一人ひとりが死から復活したキリストを経験したことによるものです。だから使徒たちは何も、誰も恐れなかったのです。使徒たちは迫害すら名誉なことと考えていました。迫害によってイエスの足跡をたどり、自らの命をかけてイエスの証人となることができると考えていたのです。

# 14 神の言葉を告げて

城壁外の聖パウロ大聖堂での説教　2013年4月14日

ペトロと使徒たちの強さには驚かされます。沈黙を強いられ、イエスの名によって教えること、イエスの福音を告げることが禁止されたときに、使徒たちは、「わたしたちは人ではなく神に従わねばならない」と答えました。たとえ鞭打たれ、乱暴され、投獄されても彼らはひるみませんでした。ペトロと使徒たちは彼らが授かったイエスの福音を、勇気をもって、恐れずに伝えようとしました。ではわたしたちはどうでしょうか。わたしたちは自分がいるところに神の言葉を伝えることができるでしょうか。わたしたちはキリストがわたしたちにとって何であるか、家庭で、会社でわたしたちとかかわりのある人たちと話すことができるでしょうか。信仰は聴くことから始まり、伝えることによって強められます。

もう少し話を進めましょう。ペトロと使徒たちが告げたことは単に言葉だけではありませんでした。キリストに忠実になると生活が変わり、新しい方向へ歩み始めます。こうして使徒たちは新しい生活を通してキリストの証人となり、キリストを告げる人となりました。ヨハネによる福音書によれば、イエスはペトロに、集まった人たちに食べ物をあげなさいと三度命じます。愛を分かち合いなさいと言いました。イエスは預言してつぎのように話しました。「はっきり言っておく。あなたは、若いときは、自分で帯を締めて、行きたいところへ行っていた。しかし、年をとると、両手を伸ばして、他の人に帯を締められ、行きたくないところへ連れて行かれる」(ヨハネによる福音書21：18)。この言葉はとりわけわたしたち司牧者に向けられたものです。むしろ行きたくないところにですら神の意思によって連れて行かれない限り、また計算尽くではなく衷心から自分を犠牲にしてキリストの証人となる覚悟がなければ、わたしたち司牧者は神の民を養うことはできません。しかしこのことは誰にでも当てはまります。わたしたちはキリストを告げ、福音の証人とならなければなりません。みんな自分自身に問うべきです。どのようにして自分の信仰を通しキリストの証人となることができるでしょうか。自分はペトロや使徒たちの勇気をもって、彼らのように考え、選び、神に従ってキリスト者として生きることができるでしょうか、と。

信仰のあかしには、フレスコ画の色や影がいく通りもあるように、たくさんの形がありま す。しかし大切なことは、たとえ目立たなくともそれは大切な形なのです。神の偉大なご計画のうちでは、どんなに小さくても、あなたの信仰、わたしの小さなあかし、そして毎日の家族や仕事、そして友人との簡素な生活の中に隠れたあかしは大切なのです。毎日祝う聖人、隠れた聖人、そして中くらいの聖性を持った人びとがいます。このうち、これはあるフランスの作家が言ったように、わたしたちは中くらいの聖人の仲間にはなれるでしょう。しかし世界の異なった場所では、福音のために、ペトロと使徒たちのように苦しめられている人たちがいます。キリストに忠実であろうとして命を捧げる人たちがいます。彼らは血をもってキリストの証人となっています。

つぎのことを忘れないようにしましょう。イエスの福音を告げるには生活の中で行動が伴わなければなりません。わたしたちの話を聞き、わたしたちを見ている人たちは、わたしたちが口で言っていることを実際の生活の中で実践しているのを見ることができなければなりません。そうすれば彼らは神に栄光を捧げてくれるでしょう。アシジの聖フランシスコが彼の兄弟たちに言ったことを思い出しました。「福音を告げなさい。必要があれば言葉で。しかし自らの生き方で、そしてあかしすることによって福音を告げなさい」と。牧者と信徒は、話すことと行い、言葉と生活の仕方が一致していないと、教会への信頼性が崩れてしまいます。

しかしこれらのことはわたしたちがイエス・キリストを認めれば可能です。なぜならわたしたちを招き、この道を共に歩き、そしてわたしたちを選ばれたのはイエス・キリストであるからです。キリストを告げ、証人となるにはわたしたちがイエス・キリストに近づかねばなりません。ちょうどヨハネによる福音書にあるように、ペトロ、ヨハネそして他の使徒たちが復活したキリストのまわりに集まっていたように。彼らはイエスが誰であるかをよくわかっていました。彼らはイエス・キリストを知っていました。福音史家はつぎの事実を強調します。誰もあえて彼のことを尋ねませんでした。「……『あなたはどなたですか』と問いただそうとはしなかった。主であることを知っていたからである」(ヨハネによる福音書21：12)。そしてこれはわたしたちにとって大切なことです。イエスと親密な関係、つまり対話と命を共にして、彼が「主」であることをわかっていることが大切なのです。イエスを崇拝しましょう。黙示録ではつぎのように述べています。多くの天使、すべての被造物、あらゆる生きているもの、長老たちが玉座の前にひれ伏し、そして屠られた子羊、つまりキリストに名誉と栄光を捧げることです（ヨハネの黙示録5：11－14）。みなさんに聞いてみたい。あなたがたもわたしも主を崇拝しているでしょうか。主にただ願い事をしたり、感謝しているだけでしょうか。あるいはほんとうに主を崇拝しているのでしょうか。

では神を崇拝するとはどういうことでしょうか。それは主と共にあることを学ぶことです。主と話をしようとすることではありません。主の存在が全き真実、善であり、すべてに優ってもっとも大切なものであることを感じることです。わたしたちは人生で大切なことの順位が何であるか、意識的にも無意識のうちでもはっきりとわかっています。主を崇拝することは彼をあるべきところに置くことです。主を崇拝することによって、わたしたちは言葉だけでなく、彼だけがわたしたちの生活をほんとうに導いてくださっていることを語り、信じることです。主を崇拝することは、彼が唯一の神、わたしたちの命の神、歴史の神であることを深く理解することです。

これによってわたしたちは小さなあるいは大きな偶像でも、わたしたちが助けを願う偶像、わたしたちが安心を求める偶像から、わたしたち自身を解き放すことができます。わたしたちはこれらの偶像をわたしたちの中にうまく隠しています。野心、出世主義、成功のうまみ、自己中心主義、他者を支配しようとする欲望、自分が人生で主人公であると思う傾き、わたしたちだけでなく多数の他者もしばりつけている罪のことです。あなたがたの心にもう一度尋ねます。「主の崇拝を妨げる偶像を心の中に隠していませんか」。主を崇拝するということは、心の中に偶像がどんなにわからないところに隠れてあったとしても、それらを見つけ出し、取り除き、主をわたしたちの中心とし、主をわたしたちの命の幹線道路とすることです。

# 15 福音を告げるために招かれて

ブラジル司教団とのミサでの説教 2013年7月27日

わたしたちの召命についてつぎの三つの側面について一緒に考えてみましょう。「神からの招き」「福音を告げること」「出会いの文化を広めること」です。

## 1 神からの招き

日々の仕事の中で当然のこととしていますが、わたしたちを招かれたのは神であることをつねに思い出さなければなりません。イエスはヨハネによる福音書でつぎのように言われました。「あなたがたがわたしを選んだのではない。わたしたちがあなたがたを選んだ」と（ヨハネによる福音書15：16）。これこそわたしたちの召命の本源です。ですから、司教、司祭、聖別された人、神学生はこのことを忘れてはなりません。忘れてしまうと、わたしたちが旅を始めたときに、もっとも大切なつながりを失ってしまうことになるからです。恵みを願ってください。聖母マリアに恵みをお願いしましょう。聖母マリアはかならずわたしたちの願いを憶えていてくださいますので、初めて神から招きを受けたときのことを忘れないようにお願いしましょう。わたしたちは神に呼ばれ、神のそばにいるように招かれました（マルコによる福音書3：14参照）。そして神と一致するように招かれました。実際、この生き方、キリストのうちに留まることこそがわたしたちのすべてであり、すべきことなのです。キリストのうちに生きることによって使徒的働きが効果的になり、わたしたちの奉仕が実りあるものになるのです。「あなたがたがわたしを選んだのではない。わたしがあなたがたを選んだ。あなたがたが出かけて行って実を結び、その実が残るように」（ヨハネによる福音書15：16参照）と。いかに司牧的であっても、また結果を確かなものにするために会議や計画をどれほど行なったとしても、実りを結ぶのは創造力ではなく、イエスに対する忠実さです。「わたしにつながっていなさい」（ヨハネによる福音書15：4）。わたしたちにはこの意味がわかるはずです。わたしたちが毎日ミサの中で、また祈りの中で、そして神を崇拝する中で、神と出会うことができるからです。つまり神を黙想し、崇拝し、神の懐に抱かれることです。「キリストと共にある」ということは、けっしてわたしたちが他者とのかかわりを持たないということではありません。ここでわたしは福者カルカッタのテレサのつぎの言葉を思い出します。「わたしたちはわたしたちの仕事に大きな誇りを持つべきです。なぜなら貧しい人々の内にいるキリストに仕えることになるからです。スラム街や貧民街に行きそこでキリストに仕えなければなりません。司祭が祭壇の前に行くように彼らのところに喜びをもって行かなければなりません」（マザーの教え一：80）。イエスはよい牧者です。どうかわたしたちの生活からイエスを消し去らないでください。わたしたちはいっそうイエスの心にわたしたちの心を置かなければなりません（ルカによる福音書12：34参照）。

## ２　福音を告げるために招かれて

親愛なる司教、司祭のみなさん、ここにいるみなさん全員ではないと思いますが、みなさんの多くは若者たちに同伴してワールドユースデイに参加されたと思います。そしてそこで若者たちはイエスがわたしたちに命じた、「だから、あなたがたは行って、すべての民をわたしの弟子にしなさい」という言葉を聞いたはずです（マタイによる福音書28：19参照）。わたしたちは牧者として、若者たちがイエスの宣教者になりたいという心の中の望みに火をつける手助けをしなければなりません。たしかに、この招きに彼らは不安を感じるかもしれません。

宣教者は、自分の家や国、家族や友人を捨てなければならないという不安を彼らは持っているかもしれません。神はわたしたちが宣教者となることを望まれています。しかし、どこへ、神はわたしたちをいったいどこへ派遣されようとしているのでしょうか。若者たちを手助けしましょう。彼らの夢に耳を傾けましょう。彼らの声を聴く必要があります。彼らの成功体験や彼らが抱えている困難についてよく聴いてあげましょう。彼らのとなりに座り、彼らが歌うオペラの歌詞をよく聴いてあげましょう。彼ら一人ひとりの歌詞にはそれぞれ違った音と特徴があります。忍耐強く聴いてあげましょう。みなさんにお願いします。心から聴いてあげてください。告解であれ、霊的指導のときであれ、彼らに寄り添ってあげてください。時間を作り彼らと共に過ごしてください。種蒔きには忍耐が必要です。そして疲れます。ほんとうに疲れます。しかし収穫の喜びはなにものにも優ります。なんというお計らいでしょう。収穫はほんとうに嬉しいときとなります。同時にイエスは、わたしたちが細心の注意を払い、責任をもって種を蒔《ま》くように要請しています。

若者たちの養成に努力を惜しまず務めてください。聖パウロはキリスト者の共同体で、「わたしの子供たち、キリストがあなたがたの内に形づくられるまで、わたしは、もう一度あなたがたを産もうと苦しんでいます」と言われました（ガラテヤの信徒への手紙4：19）。この言葉をわたしたちは日々の生活の中で実現していきましょう。若者たちに信仰の勇気と喜び、神にひとりの人格として愛されていることを実感してもらうのは難しいかもしれません。しかし彼らがこのことを理解し、聖霊によって経験すると、神にひとりの人格として愛されているという実感は一生彼らと共にあるでしょう。わたしたちの救いのために神が御子イエスをわたしたちに与えてくださった喜びを再発見できるでしょう。彼らが宣教の心を持つように養成しましょう。彼らと共に出かけ、前進し、信仰を伝えるために旅に出かけて行きましょう。イエスは同じように弟子たちと共に出かけて行かれました。イエスは親鳥がひな鳥を羽根の下に入れて守るようなことはしませんでした。彼は弟子たちを旅に出かけさせました。わたしたちは小教区の中に、共同体の中に、わたしたちの小教区や司教区のさまざまな団体の中に閉じこもっているわけにはいきません。なぜなら多くの人々が福音を待っているからです。わたしたちは派遣されたのですから出かけて行きましょう。人びとが来るから扉を開けるというだけでは十分ではありません。わたしたちはその扉から外へ出かけ人びとに会うために出かけて行かなければなりません。若者たちに出かけて行くように働きかけましょう。もちろん失敗もするでしょう。しかし恐れることはありません。使徒たちもわたしたちのずっと前に失敗しています。若者たちに前へ踏み出す勇気を与えましょう。ここで若者たちへの司牧の必要性を深く心に刻みつけてください。まず「周辺」へ、わたしたちからもっとも遠くにいる人びとのところへ、教会に来たことがない人たちへ宣教しなければなりません。彼らこそＶＩＰなのです。彼らを探しに地の果てまで出かけて行きましょう。

3　出会いの文化を広めるために

イエスに招かれ、福音を告げるための三番目の側面は出会いの文化を広めることです。いま、多くのところで経済的人間至上主義のために、世界中で排除、拒否の文化が広がっています。年寄りや、見放された子どもたちの居場所がありません。路上の貧しい人たちに誰も声をかけません。ときに、ある人たちとっては人間関係を決めるのは二つの現代的ドグマだけがあるようです。すなわち効率と実用主義です。親愛なる司教、司祭、修道者、そして神学生のみなさん、この文化の流れに反対する勇気を持ってください。勇気を持って！　わたしはつぎの言葉に助けられたり、よく黙想をしたりします。つぎのことをよく憶えていてください。マカバイ記にありますが、どれほど大勢の人たちが時流に逆らわず時流に合わせてきたことでしょう。「いやです、わたしたちに構わないでください。ほかの人びとと同じようにどんな種類の食べ物でも自由に食べさせてください。……分かりました、律法には一応従いますがすべて厳格に律法通りではなく」。かくして彼らは信仰を失い、時流に自らを合わせたのでした。効率の文化と闘いましょう。使い捨ての文化と闘いましょう。すべての人びとと出会い彼らを歓迎しましょう。連帯を築きましょう。連帯と友愛、この言葉はあたかも悪い言葉として、この文化の中では隠されてしまっていますが、ほんとうはこの二つこそわたしたちの世界を人間的なものにしてくれるのです。

共同体と出会いの文化に仕える者となってください。みなさんはこのことの虜《とりこ》になってください。仕えるときには人にみせびらかすことなく、また人に「わたしたちの真実」を押しつけることなく仕えてください。むしろキリストの真実を伝えるときは、キリストによって見出され、ふれられ、回心した者の謙虚さと喜びの確信に従って行ってください（ルカによる福音書24：13－35参照）。

# 16 希望と喜びを伝えて

アパレシーダ聖母大聖堂での説教　２０１３年７月24日

つぎの三つの率直な態度、「希望に満ちた態度」「神による驚きを感じる広い開かれた態度」「喜びを持って生きる態度」について話をします。

## 1　希望に満ちた態度

ミサの第二朗読では劇的な光景が語られています。マリアと教会のイメージである女性の子が悪魔である竜に追われ殺されそうになる話です。しかしこれは死ではなく命の話です。なぜなら神が介入して子どもが助かるからです（ヨハネの黙示録12：13、15－16参照）。わたしたち、あるいは共同体にいる人たち一人ひとりが人生でどれほどたくさんの困難に出会うことでしょう。しかしそれらがどんなに厳しくとも、神はけっしてわたしたちがその困難に打ち負かされるようにはしません。ですから、困難な状況で失望しそうになったとき、福音を告げようとしたとき、あるいは親として信仰を子どもたちに教えようとしたとき、わたしは声を大にして、「神がいつもあなたのそばにいてくださることを忘れないでください」と言います。神はけっしてあなたを見捨てることはありません。希望を失わないでください。希望を心の中から失ってはなりません。悪である「竜」は歴史の中に出てきました。しかし悪は勝利しませんでした。勝利するのは神です。神は希望です。現在わたしたちは、若者も含め、全員ではありませんが、神ではなく偶像に魅せられ、この偶像が希望、お金、成功、権力、快楽を与えてくれると思っています。心のさみしさや空虚さを満たすためにつかの間の安らぎしか与えない偶像に満足を求めています。親愛なる兄弟姉妹よ、わたしたちが希望の光となり、現実に対して積極的な態度を示しましょう。若者だけが持つ寛大な心を勇気づけ、彼らがよりよい世界を作ることができるよう手助けしましょう。若者は教会と社会の強力な原動力です。若者はものだけが必要だとは考えていません。彼らが、人の心にある精神的なものや記憶、つまり、ものではないものの価値を守っていくために支えてあげる必要があります。この聖堂はブラジルの記念ですが、その価値がなんであるかすぐわかります。ここには、霊性、寛容さ、連帯、忍耐、友情、喜びがあるからです。そしてこれらの価値のもっとも深い源はキリスト者の信仰にあります。

2　神による驚きを感じる広い開かれた態度

信仰によって与えられた偉大な希望を持った男性でも女性でも、彼らはどんなに困難な状況にあっても神の働きと驚きを知っています。この大寺院の歴史が良い例です。三人の漁師は漁に出かけましたが不漁でした。しかし彼らはパルナイバ川で思いもかけなかったものを見つけました。聖母マリアの像を見つけたのでした。いったいこの不漁に終わった場所が、ブラジルの人たちみんなが聖母の子どもだと感じる場となったことを、誰が想像できたでしょうか。神はいつもわたしたちを驚かせます。神に信頼を置きましょう。わたしたちが神から離れると、喜びと希望のぶどう酒がなくなります。神に近づき、神と共にあれば、冷たい水であれ、困難であれ、罪であっても神との友情のぶどう酒となるでしょう。

3　喜びをもって生きる態度

親愛なる友人たちよ、わたしたちが希望に生き、イエスが与えてくださる新しいぶどう酒によって驚きを感じるようになれば、わたしたちは心に喜びを持ち、かならずこの喜びの証人となることができるでしょう。キリスト者はいつも喜びに満ち、けっして憂鬱になることはないでしょう。神はいつもわたしたちのそばにいてくださいます。第一朗読の王妃エステルのように、聖母はわたしたちのために神に取り次いでくださいます（エステル記5：3参照）。イエスは、神の顔が愛に満ちた父親の顔であることを示してくださいました。罪と死は打ち負かされたのです。キリスト者は悲観論者になることはできません。いつも悲嘆のうちにいることはできません。わたしたちがキリストとの愛のうちにいるなら、またキリストがどれほどわたしたちを愛してくださっているかを感じるならば、わたしたちの心に喜びの光がともり、それはわたしたちの周りにいる人びとに伝わっていくでしょう。

# 17 すべてを捧げて

信仰宣言に関するイタリア司教会議でのミサ説教　２０１３年５月23日

人の心を見抜く方は（ローマの信徒への手紙８：27参照）、愛を第一と考え、わたしたちに、神の羊と子羊、そして教会を養っていくためにほんとうに大切なもの、またその前提と条件とは何であるかを尋ねられます。わたしたちのすべての聖務は主との親しさに基づいています。神に信頼して生きることがわたしたち教会に仕える者の務めです。それは、フィリピの信徒への手紙にあるように、進んで神に従い、謙虚な心をもって、自らを完全な贈りものとされたイエスのように生きることです（フィリピの信徒への手紙２：６ー11参照）。

さらに神を愛することはすべてを与えることです。ほんとうにすべてを、わたしたちの命を、神のために差し出すのです。これこそがわたしたち牧者の特徴なのです。イエスの呼びかけに答え、いただいたたまものをどれほど深くわたしたちが包み込んでいるか、またわたしたちに任された人びとや共同体にわたしたちがどれほど密着しているかのリトマス紙となるのです。わたしたちは組織上必要な制度を示しているのではありません。わたしたちが権威を示すときも、わたしたちは復活した主の現存と行動を示し、共同体を愛のうちに創り上げていくよう呼びかけられています。

たとえどんなに愛が偉大であっても、これをあたりまえのこととしてはなりません。愛はつねに育んでいなければ、弱まり衰退していきます。使徒パウロがつぎのように勧めたのは何の意味もないからではありません。「どうか、あなたがた自身と群れ全体とに気を配ってください。聖霊は、神が御子の血によって御自分のものとなさった神の教会の世話をさせるために、あなたがたをこの群れの監督者に任命なさったのです」（使徒言行録20：28参照）。

ご存知のように、警戒心のない牧者はぬるま湯につかっているのと同じです。彼らはぼんやりして、忘れっぽく、そしていらいらしています。自分のキャリアだけを気にかけ、お金の誘惑に陥り、そして世俗の精神に妥協し、いらだっています。彼らは、神の民のためにほんとうによいことに注意を払わず、怠け者になり、自分自身や組織と制度のことしか関心がない役人となります。その結果、使徒ペトロのように、主が現れご自分の名前で話していたとしても、主を否定する危険をおかしてしまいます。母なる教会の聖なるものをあいまいにして教会を実りの少ないものにしてしまいます。

神の前でわたしたちはいったい何者なのでしょうか。わたしたちはたくさんの試練に遭い、その試練は自分だけの場合もありますが、いったい試練とは何なのでしょうか。試練を通して神はわたしたちに何を語りかけているのでしょうか。わたしたちは試練を乗り越えるために何に信頼を置けばよいのでしょうか。

イエスがただペトロのために問いかけたことだとしても、この彼の強い心からの問いかけにわたしたちは痛みを感じ、わたしたちに自由があったとしてもそれがいかに弱いものかに気づかされてしまいます。イエスの問いは、わたしたちの心やわたしたちが置かれた外部のいろいろな状況によっては、しばしば驚きや不満が出てきてわたしたちを不信仰にしてしまうのではないかとおびえてしまうことがあります。

主が望まれていることはもちろんたんに気持ちや態度ではありません。主はわたしたちを心から動かそうと望まれています。しかし敵である悪魔はそれらを利用してわたしたちを苦しみや不満や絶望に落とし込み、神から引き離そうとします。

良い牧者であるイエスは人びとを悔い改めさせるためにわたしたちに恥をかかせたり、見捨てたりはしません。イエスはわたしたちを慰め、元気づけてくださる御父のやさしさを見せてくださいます。恥によってわたしたちの心は乱れてしまいますが、イエスはわたしたちをこの恥のもつれから解き放してくださいます。なぜなら恥から解放されることによって、わたしたちは本物の信頼を学ぶことができるからです。主はわたしたちに勇気と責任を担う力をくださり、わたしたちをミッションに向けて派遣してくださいます。

ペトロはゆるしのるつぼの中で純化され、謙虚につぎのように話しました。「主よ、あなたは何もかもご存じです。わたしがあなたを愛していることを、あなたはよく知っておられます」（ヨハネによる福音書21：17）。わたしはみなさんが心からこの言葉を言うことができると信じています。純化されたペトロは彼の初めての書簡でつぎのように言いました。「……神の羊の群れを牧しなさい。強制されてではなく、神に従って、自ら進んで世話をしなさい。卑しい利得のためにではなく献身的にしなさい。ゆだねられている人々に対して、権威を振り回してもいけません。むしろ群れの模範になりなさい」と（ペトロの手紙一5：2−3）。

そうです。牧者であることの意味は、自分の弱さにもかかわらず、主がくださった恵みと強さのうちに信仰を日々新たにしていくこと、そして群れの前を歩くことに全責任を担うことです。信仰を持っている人びととまだ牧場の囲いの中に入っていない人びとにも（ヨハネによる福音書10：16）牧者は喜んで機敏に行動する使徒的リーダーシップを積極的に発揮しなければなりません。そしてわたしたちは、神の夢をわたしたちのものとしなければなりません。イザヤの預言にあるように、神の家は一人の人でも大勢の人びとでもいっさい排除していませんから（イザヤ書2：2−5参照）。

このために、牧者は群れと共に歩み、群れの後からもついて行かなければなりません。苦しむ人々の沈黙の声を聴き、恐れて歩むことができなくなった人びとを支え、希望を与え、あらたに希望を持つよう自信を持たせ、希望を心にしみこませるのです。小さい人びとと分かち合うことによってわたしたちの信仰は強められます。ですから傲慢さを捨て、わたしたちにまかされたすべての人びとの前にへりくだりましょう。

# 第5章

# フルタイムのキリスト者

# 18 自分の殻を破って

一般謁見 2013年3月27日

キリスト者であることの意味とは？ イエスのゴルゴダへの旅、十字架への道をたどることの意味は？ 地上での使命を果たすためにイエスは聖地の道を歩かれました。彼は12人の素朴な人びとに声をかけ、共に旅をして使命を果たされました。イエスは彼らを数多くいる神との約束に忠実な人びとの中から選ばれました。彼は誰かれの区別をせずみんなに話しかけられました。偉大な人にも貧しい人にも、お金持ちの若者にも貧しいやもめにも、権力者にも弱者にも。彼は神のいつくしみとゆるしを説き、彼らを癒やし、慰め、理解し、希望を与えられました。イエスは神が現存することをすべての人びとに伝え、よい父親や母親が子ども一人ひとりのめんどうをみるようにすべての男女の世話をしました。神はわたしたちが彼の方へ行くのを待たず、神からわたしたちの方へ何の思惑も、条件も付けずに近づいて来られます。これが神のやり方です。神は必ず最初に行動されます。神がわたしたちの方へ近づいて来られるのです。イエスはごく普通の人と同じように毎日の生活を過ごされました。イエスは群衆をご覧になったとき、牧者のいない羊の群れのようだと心を動かされました。イエスはマルタとマリアの前で彼らが兄弟のラザロを亡くし悲しんでいるのを見て涙を流されました。徴税人を弟子とされました。友の裏切りに苦しまれました。神のうちに、神がわたしたちと共にあり、またわたしたちの中におられるということを確信させてくださいました。イエスは、「狐には穴があり、空の鳥には巣がある。だが、人の子には枕する所もない」と言われました（マタイによる福音書８：20）。イエスには家がありませんでした。なぜなら人びとがイエスの家でしたから。つまりわたしたちのうちにイエスはおられるのです。イエスの使命は神への扉をわたしたちみんなのために開き、神の愛をわたしたちに伝えることでした。聖週間にはわたしたちはこの旅の最高の時を生きることになります。神と人類の全歴史に現れる神の愛の計画を生きることになるからです。イエスは最後の一歩を踏み出すためにエルサレムに入ります。ここでイエスご自身の地上での生活の仕上げを行います。惜しみなく自らを差し出し、ご自分のためにはいっさい何も残さず、命さえ捧げるのです。最後の晩餐で友人たちとパンを割り「わたしたち」のために杯を回されました。神の御子がわたしたちのために自らを捧げられたのです。イエスは彼の体と血をわたしたちの手に置き、いつもわたしたちと共にあり、住まわれるようにされました。オリーブの畑で、ピラトの裁判のときに、何の抵抗もされず、ご自身をお与えになりました。自らをなげだし死んだイザヤの預言の通り、イエスは苦しみの召使いです（イザヤ書53：12参照）。

イエスはご自分を犠牲にするこの愛の道を消極的あるいは決定的運命として経験したのではありませんでした。もちろん彼はすさまじい死に直面したときに人間としての深い苦しみを隠さず、しかし自らを絶対的信頼をもって御父にゆだねられました。イエスは進んで死に向かって自らを捧げられたのです。それは神の意志と一致し、父の愛に答え、わたしたちへの愛を証明するためだったのです。十字架の上で、イエスは、「……わたしを愛し、わたしのために身を献げられた……」（ガラテヤの信徒への手紙2：20）。わたしたち一人ひとりも、「イエスが同じようにわたしたちを愛し、わたしたちのために身を献げられた」と言うことができます。わたしたちは、これが「わたしのために」なされたということができるのです。

この意味は何でしょう。つまりこれは、わたしの、あなたがたの、そしてわたしたちの道でもあるという意味です。イエスに従って聖週間を生きるということは、他者と出会うために自分から出て行き、もっとも遠く離れた「周辺」へ行き、わたしたちの兄弟姉妹に会うための第一歩を踏み出すことです。とくにもっとも遠くにいる人たち、忘れられている人たち、理解、慰めそして助けを必要としている人たちのところへ出かけて行くことです。いつくしみ深く、愛に満ちたイエスがいまここにおられることを伝えねばなりません。

聖週間を生きる意味は、神の摂理のうちへ、そして十字架の摂理の中へより深く入っていくことです。これは第一義的には苦しみと死の摂理のことではなく、むしろほんとうの命を得るために愛と自分自身を捧げる摂理のことです。これが福音書の摂理に入って行くことの意味です。そのためには、キリストと共に、キリストに従い、キリストに同伴し、キリストに留まらなければなりません。そして「自分の殻を破る」ことを要求されます。そのためには出かけて行かなければなりません。習慣だけの退屈な信仰から出て行くこと、自分が作った計画の中に閉じこもろうとする誘惑から出て行くことなのです。そうしなければ結局、神を閉め出し神の創造的働きを終わらすことになります。神は自ら出かけてわたしたちの中に来られたのです。わたしたちの中でテントを張り、いつくしみによってわたしたちを救い、希望を与えてくださるのです。イエスに従い、彼と共にあろうとするならば、柵の中の99匹の羊の中に居ることに満足すべきではありません。わたしたちは、イエスと共に失った羊を探すために、彼と共に出かけて行かなければなりません。一番遠くにいる迷子の羊を求めて出かけて行かなければなりません。つぎのことを忘れないでください。わたしたちは自分の殻から出て行かなければなりません。なぜなら神はご自身から出てイエスの中におられ、イエスはわたしたちのために自分から出かけられたのです。

「神父さま、時間がありません」「たくさん仕事があります」「むずかしい」「これほど弱く、罪深いわたしに何ができるでしょうか」などと言う人がいます。たしかにわたしたちは、わずかに祈り、ときどき日曜日のミサに出席し、多少慈善的なことをするのに満足しているようです。しかしわたしたちは自分から出てキリストを他者に伝えようとはしていません。わたしたちは少し聖ペトロに似ています。イエスがご自身の使命、死と復活、ご自身の奉献、すべての人への愛についてお話しになると、この使徒はイエスを隅に連れて行き叱責しました。イエスが言ったことは、彼の計画を狂わせ、受け入れられない、自分が作り上げた安全圏を脅かし、彼が作り上げたメシアについての考えを脅かしたと思いました。そうするとイエスは弟子たちを見て、ペトロに向かって福音書の中でもっとも激しい言葉で叱責しました。「サタン、引き下がれ。あなたは神のことを思わず、人間のことを思っている」と（マルコによる福音書8：33）。神はいつもいつくしみをもって考えておられます。このことを忘れてはいけません。神はいつくしみ深くいつも考えておられます。神はいつくしみに満ちた父親なのです。神は息子を待っている父親のようです。息子がはるか遠くにいるのを見つけ彼の方へ行く父親のようです。彼は毎日息子がいつ戻ってくるか見に行っていました。これがいつくしみのあるわたしたちの父親です。父親は家の庭先で息子の帰りを熱心に待っていました。神はよきサマリア人のように不幸な人をそのままにはしていきません。彼をあわれみ、通りの反対側から彼を見つけ、何も見返りを求めず助けに行きます。ユダヤ人か、異邦人か、あるいはサマリア人かなど尋ねることもなく、彼は助けに行きました。神はまさにこの通りの方です。羊を守る牧者のように神は命をかけて羊を守り、救いに行かれます。

聖週間は恵みのときです。主がわたしたちの心の扉を開いてくださいます。わたしたちの生活、教区の扉を開いてくれます。しかしなんと残念なことでしょう。多くの教区では扉が閉ざされています。活動グループ、集会グループの扉が閉ざされています。他者と出会うために「出かけて行きましょう」。他者に近づくために「出かけて行きましょう」。わたしたちの信仰の光と喜びを差し上げるために「出かけて行きましょう」。つねに出かけて行きましょう！　神の愛とやさしさ、そして尊敬の気持ちと忍耐の心をもって出かけて行きましょう。神はきっとわたしたちの手足と心を取って導き、すべての行いを実りあるものにしてくださるでしょう。

# 19 歩くこと

イタリア、アシジの聖ルフィーノ大聖堂での聖職者への説教　２０１３年10月４日

キリスト者や教会について考えるとき、「歩く」というわたしの好きな言葉が浮かんできます。しかしみなさんには特別の意味があると思います。いまみなさんは司教会議に出席されようとしています。「司教会議」を開くという意味は共に歩くということです。これはたいへん素晴らしい経験になると思います。なぜなら歩いている人びとと共にいること、主と共に歴史を旅すること、そのときには主がわたしたちのうちにおられるからです。わたしたちは一人ではありません。わたしたちは一人では歩きません。わたしたちは共に歩むキリストの仲間です。

ここでもう一度司祭のみなさんのことを考えてみます。そしてわたし自身をみなさんの立

場に置いてみます。わたしたちが仲間と共に歩むということよりも美しいことがあるでしょうか。ほんとうに美しいことだと思います。教区司祭のある人は教区全員の名前を憶えております。それだけでなく彼らの家にも出かけて行き、その家の犬の名前までも覚えています。なんと素晴らしいことでしょう。何度もくり返しますが、わたしたちの仲間と歩くことは素晴らしいことです。コミュニティを導くために彼らの前を、勇気づけ、助けるために真ん中を、そしてまた誰も遅れないように、まとまりを維持するために後ろを歩きます。別の理由もあります。人は匂いをかぎ分けることができるからです。匂いで、かぎわけ、発見し、新しい道を見つけます。神学者が言うところの信仰の感覚を持っています。これ以上素晴らしいことがあるでしょうか。司教会議の間、聖霊が一般の人に、神の民に、すべての人びとに何を語りかけているのかを考えることが大切です。

しかしもっとも大切なことは共に歩くことです。共に歩くとは、共に働き、お互いに助け合い、ゆるしを願い、自分のあやまちを認めそのゆるしを請い、ゆるすことによって他者の謝罪を受け入れることです。ほんとうにこれは大切なことです。何年もの結婚生活のあと別れる夫婦のことをときどき考えます。「あーだめです。わたしたちはお互いに理解できません。わたしたちはずるずると離れていきました」。多分、人はときどき、ゆるしを請うべきときにゆるしを求めていません。また多分、人はときどき、ゆるし方がわからないのだと思います。そしてわたしはよく新婚さんにつぎのようなアドバイスをします。「議論はとことんしてもかまいません。そしてお皿が飛び交ってもかまいません。しかし、その日のうちに仲直りしなければなりません。絶対に」。そして結婚して長い人たちは「すみません。疲れていました」と言うことができなければなりません。あるいはすこしでも形で示すことが大切です。それが家庭の平和につながります。そうすれば翌日から新たな生活を始めることができます。これは美しい秘密です。こうすれば離婚の苦しみをなくすことができます。共に歩くことが大切です。先に行きすぎず、過去の思い出に引きずられないことが大切です。言行一致、お互いを理解し、お互いのことを分かち合い、一緒に家族として成長していくことが大切です。さあ、ここでわたしたちは自分に向かってつぎのように尋ねてみましょう。「どうやって共に歩きますか。どうやって教区の一致を保ちながら歩きますか。わたしは共に一致して歩くために何をしているのでしょうか」と。

# 20

## 十字架を背負って

枝の主日の説教　２０１３年３月24日

イエスがエルサレムに入城します。イエスに従ってきた人びとは祭り気分で、彼らの服をイエスのために道に敷きました。イエスが行なった奇跡を話し、大きな声で彼を讃美します。「主の名によって来られる方、王に、祝福があるように。天には平和、いと高きところには栄光」（ルカによる福音書19：38）。群衆、お祝い、讃美、祝福、平和。喜びがあたりの空気を包んでいました。イエスによって、とくに素朴な人びと、謙虚な人びと、貧しい人びと、忘れられた人びと、世間では取るに足りない人びとには大きな希望が芽生えました。イエスは人びとの苦しみがわかり、神がいつくしみの方であることを示し、イエスはわたしたちのからだと心を癒やすために身を低くされました。

まさにこの方がイエスです。彼は心で、わたしたち全員のために、わたしたちの病苦や罪を見ておられます。イエスの愛は偉大です。そしてイエスは愛を持ってエルサレムに入城し、わたしたちをご覧になりました。なんと美しい光景でしょう。光が溢れています。イエスの愛の光、彼の心の愛、喜びと祝いの愛で満ち溢れた光景です。

ミサの始めの部分で、わたしたちもこれをくり返します。シュロの枝とオリーブの枝を振ってイエスを歓迎します。イエスに従う喜び、彼に近づき彼を理解し、イエスがわたしたちのうちにあり、またわたしたちの友人、兄弟、そして王としておられる喜びを表します。イエスはまさにわたしたちが生きていくときの輝く道標です。イエスは自らを低くされわたしたちと共に歩かれます。わたしたちの友人、兄弟です。わたしたちの道を照らしてくださいます。そしてこのようにして今日わたしたちはイエスを歓迎します。わたしがみなさんに差し上げる最初の言葉は「喜び！」です。悲しい男女にならないでください。キリスト者はけっして悲しい顔をしていません。失望に負けてはなりません。わたしたちの喜びは多くのものを持つことではありません。人であるイエスに出会ったことです。イエスはわたしたちのうちにいます。この喜びはわたしたちがイエスと共にあれば、どんなに困難な状況にあっても、わたしたちはひとりではないことを知っているからです。また人生で解決できないような問題や障害に出会ったときでも、たくさんありますが、わたしたちは一人ではありません。そしてこの瞬間にもわたしたちの敵である悪魔が、多くの場合天使に化けて現れ、ずる賢くわたしたちに話しかけてくるのです。この声に耳を貸してはなりません。イエスに従うのです。わたしたちはイエスに同伴し従うのです。わたしたちは、イエスが彼の肩にわたしたちを乗せて共に歩んでくださることをなによりもよく知っています。これがわたしたちの喜びです。これこそわたしたちが世界に持ち込まねばならない希望なのです。希望を失わないでください。希望を盗まれてはなりません。希望こそイエスからの贈りものだからです。

なぜイエスはエルサレムに入城されたのですか。あるいはもっとよい方法があったのではありませんか。どのようにイエスはエルサレムに入城されたのですか。群衆は彼を王と呼びました。そして彼はそれを否定しませんでした。群衆に静かにするように言いませんでした（ルカによる福音書19：39－40参照）。しかしイエスはどんな王なのでしょうか。よく見てみましょう。ロバに乗っています。家来を連れていません。力を示す軍隊も連れていません。謙虚で素朴な人びとが彼を出迎えました。彼らはイエスのうちにもっと別な何かを見つける力がありました。それは彼らの信仰です。だから、信仰によって「救い主」がここにいるとわかったのです。イエスは、地上の王や、権力者、支配者が求める名誉を受けるために聖なる街へ入ったのではありません。イザヤが預言したように鞭で打たれ、侮辱され、虐待されるために入ったのです（イザヤ書50：6参照）。イエスはいばらの冠、杖、紫の衣をもらうために入られました。彼は侮辱される王となり、木を担ぎゴルゴダの丘に登るために入城されました。

つぎの言葉は十字架です。イエスがエルサレムに入城したのは十字架の上で死ぬためでした。そしてまさにここで彼が王として神のように輝くのです。彼の王座は木の十字架です。ベネディクト16世は枢機卿たちに「みなさんは教会のプリンスです。しかしあなたがたの王は苦しまれました」と話されました。苦しみこそイエスの王座です。イエスは苦しみを自ら引き受けられました。なぜ十字架でしょうか。なぜならイエスはご自身に悪、汚れ、世界の罪、わたしたち全員の罪を引き受けられたからです。彼はそれらの罪を清めてくださいました。彼の血と神のいつくしみと愛によって清められました。周りを見てみましょう。悪魔がどれほど人類を傷つけたことでしょうか。とくにもっとも弱い人びとが被害を受けた戦争、暴力、経済的対立、そして墓場まで持って行けない金を欲しがる強欲さに傷つけられたことでしょう。わたしたちが子どもの頃、祖母が「死装束にポケットはありません」とよく言っていたのを憶えています。権力欲、腐敗、分裂、人間の命と被造物に対する犯罪、そしてわたしたち一人ひとりが気づき知っている個人の罪、すなわち神と隣人そして全被造物への愛と崇敬の喪失があります。イエスは十字架の上で、悪のすべての重さを感じましたが、神の愛の力によって打ち勝ち、復活によって勝利しました。これがイエスによって十字架の上でわたしたちのためになされた善です。キリストの十字架上の愛によって、わたしたちは、悲しみではなくむしろ喜びに近づきます。さらに救われた喜びとイエスが死んだ日にイエスがしたことを少し経験する喜びに導かれます。

# 21 福音を告げて

一般謁見　２０１３年５月22日

福音を告げることは教会の使命です。この使命は少数の限られた人だけではなく、わたし、あなた、そしてわたしたちの使命なのです。聖パウロはつぎのように話しています。「……福音を告げ知らせないなら、わたしは不幸なのです」（コリントの信徒への手紙一９：16）。わたしたちは福音を告げる人にならなければなりません、とくにわたしたちの生き方を通じて。パウロ６世は、つぎのように強調されました。「福音を告げることは……教会に特別に与えられた恵みであり召命なのです。教会のもっとも深淵な本質なのです。教会は福音を告げるために存在しているのです」（使徒的勧告　福音宣教 no.14）。

わたしたちの人生や教会における福音宣教のほんとうの推進者は誰なのですか。パウロ６

世ははっきりとつぎのように書かれています。「それは、今も初期の教会の時代でも聖霊です。聖霊は心を開いたすべての福音宣教者と共にあり、導いてくださいます。聖霊によって福音宣教者は、自分の力では見つけられない言葉を話します。同時に聖霊は、彼らの言葉を聞く人びとの心を開き、よい知らせと神の国の到来を理解できるようにしてくれます」（福音宣教 no.75）。ですから、福音宣教にあたっては、神が求められることやわたしたちを導いて行かれるところを恐れずに、神に、聖霊に心を開く必要があります。神を信頼しゆだねましょう。神はわたしたちが信仰を生き、その証人となるようにしてくださいます。神はまたわたしたちが出会う人びとの心を照らしてくださいます。これが聖霊降臨の意味です。マリアと共にいた最後の晩餐のときに、「そして、炎のような舌が分かれ分かれに現れ、一人一人の上にとどまった。すると、一同は聖霊に満たされ、〝霊〟が語らせるままに、ほかの国々の言葉で話しだした」（使徒言行録２：３−４）。降臨した聖霊によって、使徒たちは恐れから鍵を掛けて閉じこもっていた部屋から出て、「神の偉大な業《わざ》」をほめたたえ、神の証人となりました（使徒言行録２：11）。そしてこの聖霊によってもたらされた変化に「天下のあらゆる国」（使徒言行録２：５）から帰って来た人々が驚いて集まりました。なぜなら使徒たちが「……自分の故郷の言葉」が話されているのを聞いたからです（使徒言行録２：６）。

聖霊は福音宣教に命を与え活性化させ、その大切な働きのひとつが一致と霊的な交わりです。旧約聖書によれば、バベルで人びとに離散や言葉の混乱が始まったのは、神にたよらず人びとの努力だけで、「……天まで届く塔のある町を」（創世記11：4）作るといううぬぼれ慢心の結果であった。聖霊の降臨によって、これらの分裂は救われ、もはや神に対して傲慢な心はなくなった。その代わり、神に向かった開かれた心があり、神の言葉を告げるために出かけて行った。神の新しい言葉、即ち愛が聖霊によってわたしたちの心に注ぎ込まれた（ローマの信徒への手紙5：5参照）。この愛の言葉はすべての人々が理解し、いったん受け取るとすべての人の人生やすべての文化の中で伝わるものです。聖霊の言葉、福音の言葉は、閉鎖性、無関心、対立からわたしたちを解き放してくれる霊的な交わりの言葉です。

わたしたちはみんな、「自分の人生と信仰のあかしが一致と交わりとなるためには聖霊によってどのように導いてほしいのか」と自らに問いかけねばなりません。わたしが自分の周りの人びとに福音、すなわち和解と愛の言葉を伝えることでしょうか。ときにわたしたちの日常は、バベルで起きたことをくり返しているように見えます。つまり分裂、お互いを理解できないこと、競争心、ねたみ、自己中心主義に満ちています。わたしは何をすればよいのでしょうか。自分の周りに一致を生み出しているでしょうか。あるいはうわさ話、批判、ねたみ心で分裂を作っているのでしょうか。どうすればよいのでしょうか。一緒に考えてみましょう。福音を告げるということは、わたしたちが、まず、聖霊がくださされた和解、ゆるし、平和、一致そして愛を生きていくことです。イエスの言葉を思い出しましょう。「……互いに愛し合うならば、それによってあなたがたがわたしの弟子であることを、皆が知るようになる」(ヨハネによる福音書13：34－35)。

つぎの点は聖霊降臨の日の出来事です。ペトロは聖霊に満たされ「11人の弟子たち」と立っていました。彼は「声を張り上げ」(使徒言行録２：14)、そして「はっきり」(使徒言行録２：29) イエスのよき知らせを告げました。イエスがわたしたちの救いのために命を捧げ、神がイエスを死から復活させられたことを。これがもうひとつの聖霊の働きです。すなわち新しいイエスの福音を、自信をもって(大胆に)、大きな声で、どんなときでも、どんな場所でも告げる勇気のことです。現代においても同じことが教会とわたしたち一人ひとりに起きています。つまり、聖霊の働きである聖霊降臨の炎はつねに新しい使命のエネルギーを出し、救いのメッセージを告げる新しい方法を教え、福音を告げる新しい勇気を与えてくれます。この聖霊の働きに心を閉ざさないようにしましょう。福音を謙虚に勇気をもって生きましょう。新しい希望に満ちた喜びのある生き生きとした生活の証人になりましょう。わたしたちの心に「福音化の喜びと安らぎ」を感じましょう（パウロ6世、福音宣教 no. 80）。

三番目の点です。これはとくに大切です。新しい福音宣教。福音宣教をする教会はまず祈らなければなりません。ちょうど最後の晩餐で弟子たちが聖霊の炎を求めたように。神との忠実で堅い結びつきがなければ、わたしたちは閉じこもったところから抜け出し、大胆に福音を告げることはできません。祈りがなければ、わたしたちの行動は虚しく、わたしたちの告げる福音には心もありません。さらに聖霊の息吹すらありません。

# 第6章

# 羊のにおいのする牧者

# 22 牧者となるために

新司教への講演　2013年9月19日

「あなたがたにゆだねられている、神の羊の群れを牧しなさい。強制されてではなく、神に従って、自ら進んで世話をしなさい。卑しい利得のためにではなく献身的にしなさい」（ペトロの手紙一5：2）。聖ペトロのこの言葉をわたしたちの心に刻み込みましょう。わたしたちは神に招かれ牧者になりました。わたしたちの意志ではなく主の呼びかけによってです。わたしたち自身に仕えるためでなく、わたしたちにゆだねられた群れに仕えるために、そしてキリストのようによき牧者として彼らにわたしたちの命を捨てて仕えるためです（ヨハネによる福音書10：11参照）。

「……自分の羊の群れに対する日々平常の配慮……」（第二バチカン公会議教会憲章 no. 27）。この言葉は実際どういうことを意味しているのでしょうか。三つの意味があります。「配慮」とは、寛大な心で歓迎し、群れと共に歩み、群れと共にいることを意味しています。つまり歓迎し、共に歩み、共にいることです。

1　寛大な心で歓迎する

日中、教区やそれぞれの共同体を訪問し、探していた人たちと出会ったときに、彼らをあなたがたが寛大な心で歓迎できますように祈ります。この瞬間から尋ねましょう。わたしの扉を叩いた人たちがどう感じたのか考えてみましょう。もしも彼らが、あなたが親切に時間を作ってくれたと感じ、あなたの心の扉が開かれていたと思ったのでしたら、彼らは神が父であることを経験するでしょう。そして教会をいつも歓迎し、愛してくれるよき母と思うでしょう。

2　群れと共に歩む

寛大に歓迎し、歩む。共に歩むためにすべての人びとを受け入れましょう。司教は彼の群れと共に、そして彼らの中にいて旅をします。この意味は、信徒とあなたを頼ってくる人びと出かけ、彼らの喜びと希望、困難と苦しみを兄弟と友人として分かち合い、父として彼らの話を聞き、理解し、導くことです。共に歩むためには、愛が必要です。聖アウグスティヌスは、「わたしたちの愛は奉仕です」とよく言われました（『ヨハネ福音書講解』I 23、5：PL35, 1967）。

(a)　そして、歩きながらまずあなたの教区の司祭たちのことを思い出しなさい。あなたの司祭たちはあなたの最初の隣人です。司祭は司教の隣人です。隣人を愛しなさい。そして司祭があなたの最初の隣人なのです。彼らはあなたがたのかけがえのない協力者で、彼らから助言を受けるのです。あなたがたは父として、兄として、そして友人として彼らを大切にしなければなりません。もちろんあなたがたは彼らの精神的な面の世話をしなければなりません。同時に彼らが人間的に必要なものについても、とくに彼らの仕事や生活の中で重要な出来事を忘れてはいけません。司祭のために時間を費やすことはけっして時間の無駄にはなりません。彼らから面談の申込みがあれば会いなさい。電話があったときは必ず電話を返しなさい。昔、霊操の黙想指導をしていたとき、彼らからよく聞いた話です。ほんとうかどうかはわかりませんが、「司教に電話をしたところ、彼の秘書は、司教はスケジュールが一杯で面談の時間をとれない」という返事があったそうです。何か月もこの調子だったそうです。この話がほんとうかどうかわかりませんが、司祭から電話があったときはその日のうちか、すくなくとも翌日には電話を返すべきです。たとえば、「電話をくれたそうだが、何かありましたか。今日はだめですが、お互いに都合のよい日を探しましょう」と。父親がいま何を言ったか、息子が何を言ったかを憶えていてください。電話をかけた司祭は、「ぜんぜんわたしのことなど考えていてくれない。司教は父親ではない。彼は単なる組織の長だ」と思うでしょう。よく考えてください。そして、司祭からの電話に出る。もしその日でなければ翌日に電話を返す。そして面談の日を決めてあげる。つねに司祭の近くにいるように、いつも接触するようにしてください。

(b)　教区での存在感。今年の聖香油のミサ説教でわたしは、司牧者は「〝羊のにおい〟がしないといけないと話しました。よき羊飼いであるイエスが人びとの中にいつもいたように、あなたがたも羊のにおいのする司牧者となりなさい。あなたの存在感は二番目に大切なものではありません。それはなくてはならないものなのです。存在感です！　人びとは彼らの司教が彼らと共に歩み、いつも近くにいることを望んでいます。彼らはあなたがたの存在を生きるために、また呼吸するために必要としています。自分自身の中に閉じこもらないでください。あなたを慕う人びとの中にどんどん入って行ってください。たとえ、それがどんなに遠い司教区の端の端であっても、またもっとも遠くの「周辺」にいる人びとのところであっても、苦しみ、孤独で、人間として貶《おとし》められた人びとのところであっても出かけて行ってください。司牧的存在感とは、神の民と共に歩むということです。彼らの先頭を歩み、道を示し、彼らの中にあって一致を推進しましょう。彼らの後ろから誰も落伍しないように見守りましょう。とくに新しい道を見つけるためには、神の民の匂いを忘れてはなりません。信徒の中にいる司教は「霊が諸教会に告げること」を聞くためにいつも耳を傾けています（黙示録2：7）。「羊の声」に耳を傾けなさい。忠実で建設的な対話を促進し司教に助言する教区の諸々の団体を通じてよく聴きなさい。司教には教区の団体がいくつもあります。例えば司祭会議、顧問団、司牧委員会、財務委員会など。これを見れば人びとと共にあることがわかります。これらの交わりを通じて、ゆだねられている教区の文化、習慣、道徳観を徹底的に知ることができます。多くの聖なる恵みがここにあります。自分の信徒たちの中に深く入って行ってください。

(c) 仕えるときには謙遜を第一に、そして質素に必要なものだけで。わたしたち司牧者は「プリンス的心理」には無縁です。つまり教会の花婿でありながらもっと美しく、そして金持ちになることを待ち望む野心的な者ではありません。もしそうだとすれば、なんと恥ずべきことでしょう。例えば告解者が「わたしは結婚して妻がいます。しかしいつももっと美しい人を探しています。これは罪でしょうか。神父さま」と尋ねるのと同じです。福音書ではこれは姦淫の罪です。これは「精神的姦淫」でしょう。わかりませんがよく考えてください。もっと美しい人、もっと重要な仕事、あるいはもっとお金持ちになろうとしてはいけません。出世主義の弊害に陥らないようにしてください。これはほんとうに一種の癌です。たんに言葉だけでなく、とりわけ教師であり教育者であるわたしたちは実践を通して人生の証人でなければなりません。信仰を告げるためにはわたしたちが教えることを実践していなければなりません。使命と生活は切り離せないものです（ヨハネパウロ2世　神の民の牧者、n.31 参照）。毎日いつも自分自身に、人に説くことを自ら実践しているかどうかを問わなければなりません。

3　歓迎し、共に歩み、そして三番目は、群れと共にあること

この意味は「その場で落ち着いて」ということです。厳密に言えば二つの側面があります。

教区に「留まること」と「いまいる」教区に留まることです。前に話したように、変化や昇進を求めないことです。牧者であるあなたがたは教区に留まっていなければ、信徒を理解することはできません。信徒の前を歩き、信徒の中にいて、そして後ろから共に歩んでいかなければむりです。彼らに教え、秘跡を行い、あなたがたの生活があかしとなるのです。この点についてトレントの公会議の教えは今日的です。すなわち「ひとつのところに留まること」です。現代は場所から場所へ容易に旅ができ、コミュニケーションは早くなり、まさにインターネットの時代となりました。しかしトレント公会議の教えは古いかもしれませんが、「ひとつのところに留まること」は現代にも十分通用します。たしかにすぐれた司牧のための統治体制は必要です(司教の司牧要項 no. 161)。もちろん、他の教会や普遍的教会に関することのために教区から離れることがあるでしょう。しかしそれはほんとうに必要なときだけで、いつも定期的にあるものではありません。「ひとつのところに留まること」は組織をよくするためだけに必要なのではありません。また、たんに機能の面で必要性があるというわけでもありません。神学的な根拠があります。あなたがたは共同体の花婿、信徒と堅いきずなで結ばれているのです。あなたがたの羊と共にいてください。そこに留まることです。けっして〝エアポートの司教〟と呼ばれるようになってはいけません。歓迎する司牧者、あなたがたの信徒と共に歩み、愛情といつくしみを持って、彼らをやさしく、と同時に父親の厳しさも持って、謙虚に信徒を導いて行くことです。自分自身の限界を悟ってください。大きなユーモアの精神を持ってください。これこそわたしたち司教が神に求めなければならない恵みです。つぎのように祈りましょう。主よ、わたしにユーモアのセンスをお与えください。そのためにはまず自分自身を笑えるようになることです。信徒の人たちといつも一緒にいてください。

## 23 仕える司祭

説教 ２０１３年４月21日

神はすべての聖なる人たちをキリストにおいて王の司祭とされました。それにもかかわらず、わたしたちの偉大な司祭、イエス・キリストはある人たちを選び、彼の名前で、公に、そして全人類に代わって、教会における司祭職を実行させました。なぜならキリストは御父から遣わされ、弟子たちを世界に派遣し、彼らと後継者の司教たちを通して、彼の聖なる司祭職である教師、司祭、牧者の役割が続けられるようにしたからです。

たしかに司祭は司教の共労者であり、共に司祭職に招かれ、共に神の民に仕えます。

十分な熟慮と祈りののち、わたしたちの兄弟は司祭職に叙階され、彼らは教師、司祭そして牧者であるキリストに仕える者となります。そして彼らはキリストのからだである教会と聖なる寺院である神の民に仕える者となります。

かくして司祭は、永遠、最高の司祭であるキリストと結ばれ、司教の司祭職と共に、新約の真の司祭として聖別され、福音を告げ、神の民を牧し、神聖な典礼、とくに主の奉献を祝います。

さあ親愛なる兄弟と息子たちよ、あなたがたは司祭となります。あなたがたは教師であるキリストの名のもとに教導の職につきます。すべての人びとと喜びのうちにいただいた神の言葉を分かち合います。あなたがたに、神の言葉、信仰、そして信仰の贈りものをくださったのは母であり、祖母であり、カテキスタたちであったことを忘れてはいけません。彼らがあなたがたに信仰を与えてくれたのです。主が決められたことを黙想し、あなたが読んだことを信じ、あなたが信じていることを教え、そして教えたことは実践しましょう。神の言葉はあなたのものではなく、神のものであることを忘れてはいけません。教会は神の言葉を預かり守っているのです。

このようにあなたがたが教えることが神の民にとって栄養となりますように。あなたの聖なる人生がキリストに忠実な人びとにとって喜びの香りとなるように、言葉と行いによって神の家である教会を作りなさい。同じようにキリストにおいて聖務を執り行いなさい。なぜならあなたがたの聖務によって忠実な信徒の霊的な犠牲が完全なものとなるからです。キリストの犠牲と一体化するからです。教会の祭壇の上でパンとぶどう酒によってキリストの犠牲を信徒と共に一致して秘跡であるミサを祝うことなのです。

したがってあなたがたが何をしているかをよく理解してください。あなたが祝っているものにならってください。主の死と復活の神秘を祝うものとして、あなたがたの中で罪であるものに死を与え、新しい命のうちに歩むようにしてください。

あなたがたは洗礼を通して人びとを神の民の一員とします。キリストの名と教会のゆるしの秘跡によって罪を許します。だからいまキリストと教会の名によってあなたがたにお願いします。いつもいつくしみの心を持っていてください。病の人や高齢の人を聖油によって癒やしてください。ためらわずに高齢の人にやさしくしてください。聖なる儀式を行うとき、讃美の祈りをするとき、一日中聖務時間にしたがって神に感謝をするとき、神の民だけでなく世界のために祈るときに、あなたがたは人びとの中から神に呼びかけられ、彼らに代わって神にかかわるようになったことを忘れないでください。

したがって司祭であるキリストの聖務をつねに喜びと真の愛をもって、自分のことではなくイエスを第一に考えて行ないなさい。あなたがたは牧者であって、たんに機能を果たす人ではありません。人と人との媒介者ではなく、神と人をつなぐものとなりなさい。

最後に親愛なる息子たちよ、頭であり牧者であるキリストの聖務を執り行なうとき、司教と共に、そして司教に従って、信徒たちを一つの家族に導きなさい。そして彼らを、キリストを通し聖霊によって御父である神に導いてください。いつも良き牧者の例を模範としてください。仕えられるためではなく、仕えるために来られた方を探しに出かけ、失ったものを救われた方をいつも思い出してください。

# 24　人びとを塗油し聖別する

聖香油のミサ説教　２０１３年３月28日

聖書には神が油を注がれた者についてよく語られています。イザヤの苦しんでいる僕《しもべ》、ダビデ王、そしてわたしたちの主イエスです。三人に共通していることは、彼らが神から油を注がれたのは、神の忠実な民に油を注ぐためだからです。貧しい人びと、囚われた人びと、そして圧迫を受けた人びとのために油を注いだからです。「人のために」という言葉は詩編１３３に美しく表現されています。「かぐわしい油が頭に注がれ、ひげに滴り、衣の襟に垂れるアロンのひげに滴り……」（詩編１３３：２）。油が広がり、アロンのひげに滴り彼の聖なる衣の襟に滴るというイメージは、司祭による塗油が、油を注がれたキリストを通して、衣で表された地の果てまで滴っていくということです。

大祭司の神聖な衣には豊かな象徴的意味があります。そのひとつは、イスラエルの子どもの名前がこの法衣（司祭がミサのときに着る長円形の外衣の原型にあたる）の肩の縞瑪瑙《しまメノウ》の宝石に刻みこまれています。右肩と左肩の宝石にそれぞれ六つの名前が刻まれていることです（出エジプト記28：6－14参照）。またイスラエルの12の部族の名前が胸当てに刻まれています（出エジプト記28：21参照）。これは、司祭が彼の手にゆだねられた人びとを肩にかつぎ、彼らの名前を心に刻み祭儀を執り行なうという意味です。ですからわたしたちが祭服を着たときには、肩の上に、そして心に、忠実な信徒、聖人、大勢の殉教者たちが背負った重荷や彼らの顔を思い出すでしょうか。

典礼の美しさは、その祭服の布地や飾りにあるのではなく、神の栄光が生き生きと力強い神の民の中に輝いていることにあります。つぎに神の働きについて考えてみましょう。アロンの頭に注がれた貴重な油はたんに彼にかぐわしい香りを付けるのではなくそれは「地の果て」まで流れていきます。主は、はっきりとおっしゃっています。神が油を注がれたのは、貧しい人びと、囚われた人びと、そして病にある人びと、悲しみ孤独である人びとのためなのだと。親愛なる兄弟のみなさん、油を注がれることはわたしたちを香《かぐわ》しくするためではありません。ましてその香りを瓶の中に閉じ込めておくためのものだけではありません。閉じ込めておくと、悪臭を放ち……そして心を苦いものにしてしまいます。

よい司祭は彼の信徒がどのように油を注がれたかでわかります。たいへんはっきりとわかります。信徒が喜びの油を注がれていればすぐわかります。例えばミサが終わって帰って行くとき、彼らはよい知らせを聞いた顔をしています。信徒のみなさんは福音を聞くときに油が注がれるのを期待しています。彼らはお説教のときに福音が彼らの日常生活とかかわりがあることを聞くのが好きです。アロンの話のように油が彼らの日常生活の現実にまで滴ってくるのを好みます。彼らは自分たちが極端な暗闇にあるときに、「地の果て」まで光をもたらしてくれる説教が好きです。なぜならそのとき彼らの信仰が破壊される状況に置かれているからです。信徒は彼らが実際に生きている日常の現実についてわたしたちが祈ることに感謝してくれます。わたしたちが彼らの問題、喜び、重荷、そして希望について祈っているかどうかが大事です。彼らは、わたしたちを通じて油を注がれたキリストの香りを感じたときには、わたしたちに主のみ前に捧げるものすべてを、勇気を出してわたしたちにゆだねてくれます。たとえば「父よ、わたしのために祈ってください。問題があります」「祝福してください」「祈ってください」と。これらの言葉が出てくるのは油が衣の端まで滴っていたことを示す印です。なぜならこれらは神の民の嘆願となっているからです。神と神の民とわたしたちが関係を結ぶと、お恵みをいただきます。なぜならわたしたち司祭は神と彼の民の取り次ぎ者だからです。ここで強調したいのは、わたしたちはつねに神の恵みを求めなければならないということです。そして信徒のすべての求めに答えることです。たとえその求めのために不便になったとして、またときにはまったく物質的なことであったり、ありふれたことであったりしても、信徒はあきらかに油を注いでほしいと願っています。なぜならわたしたちが油を持っていることを知っているからです。

わたしたちは、主のように感じることができなければなりません。主は出血で悩んでいる婦人の治りたいという強い希望を、彼女が主の服にふれたときに感じました。そのとき主は周りを人びとに取り囲まれていましたが、アロンの司祭服の美しさを体現していました、油は主の衣服を滴り落ちていました。しかし隠された美しさでした。それは血の悩みを持った婦人の信仰の目にだけに輝いて見えていたのです。しかし将来の司祭となる弟子たちには見えず、また理解もできませんでした。「存在の周辺」では、彼らは表面に見えるものしかわかりませんでした。群衆がイエスを四方から取り囲んでいるということだけです（ルカによる福音書8：42参照）。しかし主には神の油を注ぐ力があります。この力は彼の民の端から端まで滴ってきます。

ですからわたしたちは「出かけて行かなければなりません」。そして油を注ぎ、その力と救いの力を経験しなければなりません。苦しみ、流血、光を求める目の不自由な人びと、たくさんの悪に囚われている人びとのいる「周辺」へ出かけて行かなければなりません。これは主と出会うための自分探しやたえず内観することではありません。自己啓発のコースに参加することは人生で有益でしょう。しかし司祭職を果たすために、ひとつのコースからつぎのコースへ、あるいはひとつの方法から別の方法へと学びに行くことは、原罪を否定したペラギウス派の人間と同じであり、恵みの力を軽視していることになります。恵みは、わたしたち自身と福音を他者のために信仰をもって出かけて行き、たとえわずかしか持っていない油でも油をまったく持っていない人びとに注ぐならば、生き生きとして輝くものになるからです。

自分からめったに出かけて行かない司祭は少しも油を注ぐことができません（すべての司祭がそうだとは思いません。なぜなら神のおかげで、人びとはそれでもわたしたちから油を受けてくれるからです）。出かけて行かない司祭は、彼らの心の奥を揺り動かす人びとのもっともよいところにふれる機会を失っているからです。また自分の司祭としての可能性を限定しているからです。自分自身から出て行かない者はつなぐ人となるかわり、だんだんとたんなる媒介者となり、管理者となるだけです。わたしたちはこの違いがよくわかっています。それは、媒介者と管理者が、「すでに報酬を受けている」ことです。彼らは自分を投げ出さず、命をかけていないので、けっして心からの温かい感謝の言葉を聞いたことはないでしょう。これが、満足していない司祭、悲しい顔をした司祭たちです。彼らは「羊のにおい」と共に生きる牧者となるかわりに、たんなる骨董品や珍品の収集家となっているのです。お願いです。「羊のにおい」のする牧者になってください。実践してください。あなたの群れの牧者、人びとを漁《あさ》る人になってください。いわゆる司祭のアイデンティティ危機はわたしたちを脅かし、大きな文化的危機の一部にもなっています。しかしわたしたちがこの猛攻撃に抵抗することができれば、わたしたちは、主の名によって出かけ、網を投げることができます。わたしたちが「深いところに網を打たなければならない」ようにしている現実は、けっして悪いことではありません。じつに神の恵み、純粋に神の恵みによって、現代世界の深いところに網を打つこと、そして重要なのはそこで油を注ぐことです。網から魚があふれるほど漁ができる人は、イエスだけに頼み、主の名によって網を打つ人だけだからです。

# 第7章 最も恵まれていない人びとのために

# 25 「周辺」へ出かけて行く

聖霊降臨徹夜祭の一般信徒への講演　２０１３年５月18日

教会は、外に向かって踏み出さなければなりません。どこへ出かけて行くのでしょうか。人の住むもっとも遠い「周辺」へ、たとえそこがどこであっても出かけて行かなければなりません。イエスはわたしたちに、「全世界に出かけていきなさい！　出かけて行きなさい！　福音を伝えなさい！　福音をあかしする人になりなさい！」と言われました（マルコによる福音書16：15参照）。いったい自分から飛び出して行くと何が起きるのでしょうか。家から道路へ飛び出したときと同じことが起きるでしょう。事故です。しかしよく聞いてください、わたしは、いくつか事故があった教会のほうが内に閉じこもり病にかかった教会よりも好きです。出かけて行きなさい！　出かけて行ってください！

ヨハネの黙示録の言葉を考えてみましょう。なにか美しいことを述べています。イエスは「戸口に立って、たたいている」（ヨハネの黙示録３：20参照）。わたしたちの心に入ってくるためです。これがこの言葉の意味です。つぎの質問を自分にしてみてください。わたしたちの中にいるイエスが、外へ出て行くために何回戸口をたたいたのでしょうか。わたしたちはイエスを出そうとしませんでした。理由はわたしたち自身の安全のためだからです。なぜならわたしたちは、神の自由な子どもとなるよりも、わたしたちを奴隷にするつかの間の構築物の中に閉じ込められているほうが好きだからです。

外に出るときには、出会いに十分に備えておくことが重要です。わたしにとって、大切な言葉は「出会い」です。他者と出会いなさい。なぜなら信仰とはイエスとの出会いだからです。わたしたちはイエスがなされたようにしなければなりません。他者と出会うことです。わたしたちは対立の文化、細分化の文化、自分にとって役に立たないものを捨てる文化、浪費の文化の中に暮らしています。この点について考えてみましょう。現在の危機の一部ですが、高齢者は知恵を持っていますが、役に立たないと思われています。……こういう考えはまさに浪費の文化の象徴のひとつです。しかしわたしたちは出かけて行き、彼らと出会わなければなりません。信仰を持って、「出会いの文化」を創造しなければなりません。友情の文化、兄弟姉妹を見つける友情の文化、違った考えを持った人びと話し合い、また別の信仰を持った人びととも話をする文化、同じ信仰を持っていない人びとと話をする文化を創造しなければなりません。彼らは何かしらわたしたちと共通のものを持っています。彼らは神のイメージであり、神の子です。わたしたちの立場を忘れずに出かけて行き、すべての人と出会わなければなりません。

もうひとつ大切な点があります。それは貧しい人びとと出会うことです。外へ出て行くと貧しさを見つけます。今日、言葉にするのも悲しいことですが、ホームレスの人が凍死してもニュースにはなりません。今日ニュースになるのはおそらくスキャンダルだけでしょう。ああ！　それだけがニュースとは！　今日多くの子どもたちに食べものがないことはニュースにはなりません。しかしこれはたいへんなことです。ほんとうにたいへんなことです。我慢できることではありません。しかしこれが現実です。

わたしたちは堅苦しいキリスト者、つまりお茶を飲みながら神学について話をするような頭でっかちのキリスト者になってはなりません。そうなってはだめです。わたしたちは勇気のあるキリスト者にならなければなりません。出かけて行きキリストのからだの一部である人びととの出会いを求めなければなりません。キリストのからだの一部である人びととの出会いです！　わたしはここでは告解を聞くことはできません。なぜならいまの立場では告解を聞きに行くことは不可能だからです。しかし昔、わたしが教区で告解を聞いていたとき、告解に来た人にわたしは、「施しをしましたか」と尋ねることにしていました。「はい、神父さま」と答えがあったときは「ありがとう」と言い、それからつぎの二つの質問をします。「施しをしたとき、相手の目を見てしましたか」と聞きます。「わかりません。考えてもみませんでした」といった答えがよく返ってきました。つぎの質問は、「そのとき、相手にふれましたか。あるいはコインを彼か、彼女に放り投げましたか」と聞くことにしていました。というのもここが大切な点であるからです。キリストのからだ、キリストのからだにふれ、貧しい人の苦しみを自分のものとしなければならないからです。

わたしたちキリスト者にとって、貧困は社会学的、哲学的あるいは文化的な範疇に属するものではありません。それは神にかかわるものです。これこそもっとも重要な範疇だと思います。なぜならわたしたちの神、そして神のみ子は自らを低く、貧しくされ、わたしたちと共に道を歩んで行かれるからです。これがわたしたちの言う貧しさです。キリストのからだの貧しさのことです。神の子が人となりわたしたちのところに来られた貧しさのことです。貧しい人たちのための貧しい教会はキリストのからだに手を伸ばすところから始まります。わたしたちがキリストのからだに手を差し出せば何かわかってくるでしょう。この貧困、主の貧困を理解することができるようになるでしょう。

# 26 心のこもったもてなし

ドノ・ディ・マリア、ホームレスシェルターでの講演、神の愛の宣教者会　２０１３年５月21日

「家庭」は親切なもてなしをする場所、住む場所、心地よい場所、そこでは人が自分や自分の居場所を容易に見つけ、共同体の一部と感じるところです。もっと深い意味で、家庭という言葉には温かさ、親密さの香りがあり、家庭の愛を感じる香りがあります。したがって家庭は人にとってもっとも大切な宝物です。家庭では出会いがあり、年齢、文化、歴史の違う者同士であっても共に住み、助け合って成長することができます。ですから家庭は人生できわめて大切なところです。命を育て満たすところです。なぜならそこで愛を受け、愛を与えることを学ぶからです。これが「家庭」です。そして「家庭」こそ、このホームが25年間目指してきたことです！　バチカン市国とイタリアの国境に位置したこのホームは、わたしたちに、教会へ、ローマの町へ、家庭として、親切なもてなし、おもいやりと兄弟愛のある

場所として強く訴えてきました。

それから二番目の大切な言葉は、贈りものです。このホームをよく表す特徴的な言葉です。またそれは「家庭」なのです。事実ここには贈りもの、つまり相互の贈りものがあります。どういう意味でしょうか。このホームには親切なもてなしがあります。物質的なものや精神的な栄養を、あなたがたに、世界中のいろいろなところから来た親愛なるあなたがたに与えています。しかしあなたがた自身がこのホームと教会への贈りものです。あなたがたが、神と隣人を愛することは抽象的なことではなく、深淵で現実的なことであることを教えてくれるからです。すべての人びとの顔に主を見て仕えることです。親愛なる兄弟姉妹よ、あなたがたはみんなイエスの顔なのです。感謝しています！　そしてこのホームで働くすべての人びとに対して、あなたがたは困っている人びとと助けがいる人びとと共におられるイエスに仕える可能性を与えています。

したがってこのホームは神、わたしたちのよき慈愛に満ちた御父のいつくしみの光を輝かせています。「……ただで受けたのだから、ただで与えなさい」（マタイによる福音書10：8）。このイエスの教えの通り、ここでは親切なもてなしを誰にでも、国籍や宗教に関係なく与えています。わたしたちは贈りもの、感謝、連帯、これらすべての意味を復活させなければなりません。節度のない資本主義は、利益至上主義、無償で与えるのではなく獲得するために与えること、人間を考慮に入れない搾取の論理を教えました。しかしこのホームはいつくしみを教える場所です。いつくしみを学ぶ学校です。ここでは利益のためでなく、愛のために出かけて行き、すべての人びとと出会うことを学んでいます。

## 27 難民と命のもとを絶たれた人びと

教皇庁移住者と渡り労働者の司牧に関する評議会総会での講演　２０１３年５月24日

教会は母です。教会の母のようなまなざしは特別のやさしさと親しみを込めて、自分の国を逃れ、避難先で根無しの状態と同化の間で揺れている人びとに向けられています。この緊張は人を破滅させます。キリスト者の共感、すなわち共に苦しむという共感は、なによりもまずなぜ彼らが自分の国から逃げなければならなかったのかその事情を正確に知り、そして必要があれば、苦痛と圧迫を訴えることができない人びとの声を代弁することです。こうすることで、あなたがたはキリスト者の共同体にいる人びとが大勢の傷ついた兄弟姉妹たちに気づくようにする大切な役目を果たします。暴力、虐待、家族愛の喪失、トラウマ、家からの逃避、難民キャンプでの未来への不安など、これらはすべて人間の尊厳を壊すものです。ですからキリスト者一人ひとり、またその共同体にいる人たち全員が現実的にこの問題に向き合わねばなりません。

しかし今日はみなさんに理解していただきたいことがあります。難民や強制的に立ち退《の》かされた人びとの目と心にひとすじの希望があることを見ていただきたい。将来への希望、それは友情を求める心、言葉を学びながらコミュニティに溶け込んでいきたいという望み、雇用への望み、そして子どもの教育を求める将来への希望です。わたしは、勇気をもって少しずつ普通の生活をふたたび始める希望を抱く人びとを尊敬します。また同時に彼らの未来を明るく照らす喜びと愛を待ち望む勇気を尊敬します。

とりわけ、指導者、議員、国際社会のみなさんにお願いします。力によって追い出された人びとを正面から受けとめてください。効果的なプロジェクトや新しいアプローチを探し、彼らの尊厳を守り、彼らの生活の質を向上させ、現代の迫害、圧迫と奴隷の状態からの異議申立を正面から向き合って受けとめてください。彼らは人間です。強調します。彼らは人間です。連帯と助け合いを求めている人びとなのです。至急行動が必要です。そしてそれ以上に求められているのは彼らに対する理解と親切な心です。神は善です。神のように彼らに向かいましょう。

「退去させられた人びとの状況」を見るとわたしたちは無関心でいることはできません。さらに教会としてわたしたちはつぎのことを忘れてはいけません。難民や退去者の傷や人身売買の犠牲者の世話をするとき、イエスがわたしたちに教えた愛を実行しなければなりません。イエスは異邦人も、苦しんでいる人も、暴力をふるわれ、搾取された無実の犠牲者も区別されませんでした。わたしたちはもっと頻繁にマタイによる福音書の25章、最後の審判の箇所を読まねばなりません（マタイによる福音書25：31－46参照）。

そしてもうひとつ、つぎのことにしっかりと留意してください。すべての牧者とキリスト者の共同体は、キリスト者の難民、強制的に退去させられたキリスト者、そしてキリスト者の移住者、彼らの信仰の旅路に気を配ってください。彼らには特別の司牧的配慮が必要だからです。彼らの伝統を尊重しながら、彼らが移ってきた教会に溶け込めるように寄り添うことが必要です。わたしたちキリストの共同体がほんとうに彼らを歓迎し、彼らの話をよく聞き、一致ができる場所となりますように祈っています。

# 28 連帯の文化

ローマイエズス会難民支援センター「チェントロ・アスタッリ」での講演　2013年9月10日

仕えるとはどういう意味でしょうか。来る人をしっかり見つめ歓迎することです。困っている人に身をかがめ、手を差し出し、何の計算も恐れも抱かず、しかしやさしさと共感する心をもって、ちょうどイエスが使徒たちの足を洗うためにひざまずいたようにすることです。仕えるとは、もっとも貧しい人びとのそばで働き、彼らと初めてもっとも親しい人間関係と連帯のきずなを結ぶことです。連帯という言葉を使うと豊かな国の人びとは恐れるので、この言葉をあまり使いません。なぜなら彼らにはほとんど悪い言葉としか聞こえないからです。しかしこれはわたしたちの言葉なのです。仕えるとは正義と希望を求めることを認めることであり、本物の自由への道を共に探すことです。

貧しさは神を理解するための特別の教師です。貧しい人びとの弱さ、純朴さによって、わたしたちは自分の利己的な心、間違った安心感、自己充足感に気づきます。貧しい人びとによって神に近づき、やさしさに導かれます。わたしたちがそれぞれの人生に神の愛を経験し、御父の配慮と忍耐強い信頼と共にあわれみを受け入れることができるよう導いてくださいます。

歓迎、出会い、そして仕えるためのこの場所から、すべての人びとに、ここに住むみなさんと全ローマ司教区のみなさんに質問をします。困難にいる人に身をかがめて手を差しのべていますか。あるいは自分の手が汚れるのを怖がっていますか。自分の殻の中や自分の持っているものの中に閉じこもっていますか。あるいは助けを必要としている人を知っていますか。自分にだけ仕えていますか。他者のために働くことができますか。キリストのように自分の命を投げ出すほど他者のために働けますか。それとも相手の目を見ないように顔をそむけますか。

二番目の言葉は「寄り添う」です。近年「チェントロ・アスタッリ・センター」の奉仕の範囲が広がってきています。初めのころは基本的なサービスだけでした。例えばスープキッチン（困窮者のための無料食堂）、簡易宿泊所、法律相談などだけでした。やがて仕事探しや地域に溶け込むための手助けをするようになりました。それから人間の基本的人権を守ることからはじめ、受け入れる文化、出会いの文化、連帯する文化を促進してきました。

ただ寄り添う姿勢だけでは十分ではありません。サンドイッチを誰かにあげるだけでは不十分です。その人が自分自身の足で立つことを学ぶように寄り添うことです。貧しい人びとをその状態に留めておくだけでは十分ではありません。ほんとうのいつくしみ、神がわたしたちにくださり、教えてくださるいつくしみは正義を必要とします。貧しい人びとが貧しさを克服する術《すべ》を見つけるようにしなければなりません。わたしたち、教会、ローマ市、諸々の機関は、すべての人が、スープキッチンや簡易宿泊所、法律相談の必要がなくなり、ひとり立ちした人間となるように努力することを要求されています。アダムは、「難民としてイタリアに溶け込むことは難民の義務だ」と言ったそうです。溶け込む！　そしてキャロルは言いました。「ヨーロッパにいるシリア人は負担にならないようにする大きな責任がある。わたしたちは新しい社会の一員となりたいと思っています」と。これもそうです。この責任感は倫理の基であり、共に作り上げる力です。しかしわたしたちが、実際に彼らがひとり立ちするまで寄り添っているか疑問です。

三番目の言葉は「守る」です。仕え寄り添うことは守るという意味でもあります。それはもっとも弱い人の立場をとるということです。わたしたちは、自分の権利を守るためにどれほどひんぱんに声を上げているでしょうか。それにしてもわたしたちは他者の権利についてなんと無関心なのでしょう。あなたがたのように、苦しみ、今も苦しんでいる人びと、権利が踏みにじられている人びと、ひどい暴力のために正義を求める望みすら失った人びとに、何度、気づかなかったり、あるいは彼らのために声を上げようとしなかったりしたのでしょうか。

貧しい人びとを歓迎することや正義の促進が、すべてを専門家に任せるのではなく、全教会のすべての司牧活動、将来の司祭や修道者の養成、教区のすべての仕事、活動や教会のグループの中心になることが大切です。とくに――これは大切です。心の底からお願いします――宗教団体が真剣に責任をもって時のしるしを読み取ってください。主は、わたしたちが、勇気、寛大さ、温かく親切にもてなす心を持ち、共同体で、家庭で、そして空《から》からになった修道院でしっかりと生きることを望まれています。親愛なる修道士、修道女のみなさん、あなたがたの修道院がお金をかせぐホテルに転換されることは教会のためにはなりません。空《から》になった修道院はあなたがたのものではありません。それはキリストのからだ、すなわち難民のためにあるのです。主はわたしたちに大きな勇気と寛大な心をもって生き、難民を共同体で、家庭で、空《から》の修道院で受け入れるように招かれています。もちろんこれは簡単なことではありません。基準と責任が必要です。しかし勇気も必要です。わたしたちはよくがんばっています。しかしおそらくわたしたちはもっと努力するように招かれています。神の摂理によって、仕える人びとをしっかりと受け入れ分かち合うように招かれています。

# 第8章

# 偶像を破壊して

# 29 力と暴力の論理

平和の祈り徹夜祭説教　２０１３年９月７日

わたしたちは、調和と平和がある世界が、心の中に、他者との関係の中に、家族の中に、都市の中に、国内に、そして国家の間に存在することを望んでいるのではありませんか。そして真の自由とは、共通善に導き、愛によって治められている世界への道を選ぶことではありませんか。

現実はそうでしょうか。わたしたちが存在している世界はそうなっているでしょうか。造られたものは美を保ち、その美しさにわたしたちは畏敬の念で一杯になります。また造られたものは善きものとして存在しています。しかし、「暴力、分裂、不一致、戦争」が同時に存在しています。これは創造の頂点にある人間が美と善を考慮せず、自らの利己的な世界に引きこもっているために起きたことです。

自分のことだけを考え、自分の利益を優先し、自分をすべての中心に置くことだけを考え、支配と力の偶像に囚われ、自らを神にしてしまうと、わたしたちはすべての関係を壊し、破滅させてしまいます。その結果、暴力、無関心、そして対立の扉を開いてしまいます。この過程は、創世記がわたしたちに教える堕落の道です。男は自らと対立し、自分が裸であることがわかり、恐怖にかられ自らを隠します（創世記3：10参照）。彼は神のまなざしを恐れ、自分のからだの一部から造った女性を非難します（創世記3：12参照）。彼は造られたものの調和を乱し、手を上げ兄弟を殺しました。これは、彼が調和の状態から「不調和」の状態に移ったのではないでしょうか。違います。「不調和」の状態というものはありません。調和の状態があるか、わたしたちが混沌に落ち込むかのいずれかだけです。そして混乱は暴力、議論、対立、恐怖を引き起こします。

まさにこの混乱の中で神は人間の良心に問いかけます。「お前の弟アベルは、どこにいるのか」。カインは「知りません。わたしは弟の番人でしょうか」（創世記4：9）と答えました。

この問いはわたしたちにも向けられていると思います。自分自身にこの問いかけをしてみるのもよいでしょう。わたしは兄弟の番人ですか。そうです。あなたがたは兄弟の番人です。人間であることの意味はお互いを大切にすることです。しかし調和が壊れたとき、反対の状態が起こります。大切にしてお互いに愛さなければならない兄弟が闘い殺し合う敵同士となります。そのときどれほどひどい暴力が起きることでしょうか。いったい何度対立や戦争がわたしたちの歴史の中で起きたことでしょうか！　大勢の兄弟姉妹の苦しみを見るのはもうたくさんです。これは偶然の産物ではありません。真実なのです。暴力をふるうとき、戦争が起きるたびにカインがよみがえってくるのです。わたしたちすべてのものの中に！

今日でも人間の対立があり、兄弟姉妹に手を上げてしまいます。これは今日わたしたちが偶像、利己的な考え、自分の利益のみに従っているからです。このような態度はいまだに続いています。武器を完璧にし、良心は眠ってしまい、自己を正当化する術《すべ》だけをみがきあげてきました。あたかもそれが普通の状態であるかのように、破壊、苦痛、死の種をまいています。暴力と戦争はただ死に導くだけです。死です。暴力と戦争は死の言語です。

## 30

# 金銭崇拝のカルト

一般謁見　２０１３年６月５日

いまや人ではなく、すべて金、金、現金が支配しています。御父である神は、わたしたちに地球を守る仕事をお与えになりました。これはけっしてお金のためではなくわたしたちのために与えられたのです。わたしたちには地球を守る役目があります。しかしみんな利益と消費の偶像の犠牲となっています。まさに「浪費の文化」です。コンピューターが壊れると悲劇的です。しかし人に必要なものや人生のいろいろな出来事に関する貧困は、あたりまえのこととしてニュースにはなりません。例えばここヴィア・オッタヴィアーノで冬のある日、誰かが亡くなってもニュースではなく、あたりまえのこととしてとらえられています。世界のいたるところで子どもたちに食べものがないとしても、ニュースではなく、普通のことと考えられています。そうであってはいけないのです！　しかしあたりまえになり、ホームレスの人が路上で凍死したとしても、ニュースにはなりません。しかしいくつかの都市で株式市場の株価が10ポイント下がると、悲劇となります。人が死んでもニュースにならず、株価の10ポイント下落が悲劇になるのです。このように人はごみのように扱われ捨て去られているのです。

「浪費の文化」は誰にとってもあたりまえとなりました。人の命や生活はもはや一番大切なものではなく、敬意も払われず、守られません。とくに貧しい人、障害がある人、あるいは役に立たない人、例えばまだ生まれていない子どもや役目の終わった老人などがそうです。この浪費文化のせいで、わたしたちは平気でものや食べ残しを捨てたりしています。一方では世界中で大勢の人びとや家族が飢えと栄養失調で苦しんでいるという事実があります。浪費文化はもっと非難されるべきです。昔わたしたちの祖父母の時代には食べ残しをして捨てないように注意していました。商業主義によって、食べものにはたんなる金銭的な価値以上のものがあるにもかかわらず、わたしたちは余り物、毎日の食べ残しを平気で捨てています。わたしたちはもう正しい判断ができなくなっているのです。忘れないでください。わたしたちが食べものを捨てることはあたかも貧しい人びとの食卓から食べものを盗んでいるのと同じことです。またおなかをすかしている人びとから取りあげるのと同じであることを忘れないでください。みなさんにお願いします。食べものを捨てることや無駄にすることについてよく考えてください。この問題に真剣に向き合い、恵まれない人びととつながり分かち合いができる方法を考えてください。

# 31 出世主義はサタンの誘惑

教皇庁聖職者アカデミーでの講演　2013年6月6日

内的な自由があるとはどういう意味でしょう。

まず個人的なプロジェクトから自由になることです。昔あなたがたが、司祭の道を歩もうと決心したときのように、具体的なことから自由になることです。例えば自分の将来のことを計画することからや、あるいは「あなた自身」が置かれた司牧の場であとどのくらいいるのか思い巡らすことから自由になることです。ある意味では、あなたがたが育った文化や物の見方・考え方から自由になることです。これは自分が育ってきた環境を忘れたり、ましてそれを否定したりすることではありません。むしろあなたがたと異なった文化や遠く離れた世界の人びとを理解するために自分自身を愛の心で開くことです。

なによりも、内的な自由という意味は、野心や教会に大きな被害をもたらす個人的目的に警戒心を持つということです。自分のためだけに働く、あるいは教会の内外で認められようとすることを優先する意識に注意すべきです。むしろあなたがたの優先すべきものは、福音に基づく崇高な善とあなたがたにゆだねられたミッションの達成です。そしてわたしは、個人的野心や目的から自由であることが大切であると考えています。きわめて大切です。出世主義はサタンの誘惑です。出世主義にはまってはだめです。このために、どれほど妥当であったとしても、あなたがたの考えや意見、教会に関するものでも個人的なものであっても、すべてペトロのまなざしの中に統合することです。つまり、キリストの明確な使命である民との交わりと一致、全世界を包み込む司牧的愛を、教会と人類のニーズが大きく、ややもすると忘れられている場所で、教皇にかわって実践していくことです。

# 32 世俗的精神の仮面を剥がす

アシジの大司教館「放棄の部屋」での講演 ２０１３年10月４日

聖フランシスコの祝日のアシジ訪問にあたって、新聞やメディアの報道はとりとめのない観測球を上げています。例えば「教皇は教会を裸にする！」「教会から何を取り剥がすのか」「教皇は司教、枢機卿の法衣を剥ぎ、そして自分の法衣も」などの見出しが躍っています。たしかに教会が自らを放棄するよい機会かもしれません。しかしわたしたちはみんな教会なのです。わたしたち全員がそうなのです。初めて洗礼を受けた子から始まり、わたしたちはすべて教会です。わたしたちはイエスの道を歩まねばなりません。イエスは僕《しもべ》、仕える人となり、十字架につけられるほど貶《おとし》められることを選ばれました。そしてわたしたちがキリスト者であろうとするならば、この道以外はありません。

しかし、キリスト教をもう少し人間的にできませんか。例えば十字架をなくし、イエスもなくし、何も放棄しないでできませんかと言う人たちがいます。そうすると結局、わたしたちはお菓子屋のキリスト教徒になります。なんと美しいケーキでしょうか。なんと美味しそうなお菓子でしょうか。しかしけっしてこれはキリスト教徒ではありません。つぎのような質問が出てきます。教会はいま何を捨てなければならないのでしょうか。教会は深刻な危険となっているものを捨てなければなりません。教会のすべての人一人ひとりに脅威を与えるものを捨てなければなりません。それは世俗的な精神です。キリスト者は世俗的精神と相容れません。なぜならそれは虚栄、傲慢、うぬぼれに導くからです。そしてこれが偶像なのです。神ではありません。偶像なのです。偶像崇拝はもっとも重い罪です。

報道関係者が教会について話す場合、教会は司祭、修道女、司教、枢機卿、そして教皇から成り立っていると考えています。しかし、わたしが先ほど言ったように、わたしたちみんなが教会なのです。ですからわたしたちはみんなこの世俗性を捨てなければなりません。それはイエスの山上の説教（真福八端）の精神に反するものです。イエスの精神に反するものです。世俗的精神はわたしたちを傷つけます。信仰が与える安心と世俗的世界が与える安心についてはきちがえている世俗的キリスト者を見ることは悲しいことです。わたしたちは両方の側にいることはできません。教会すなわちわたしたち全員は、虚栄、高慢に導く世俗的なものを捨てなければなりません。なぜならそれらは偶像崇拝ですから。

イエスご自身が話されました、「だれも、二人の主人に仕えることはできない。……神と富とに仕えることはできない」（マタイによる福音書６：24参照）。富はそれ自体に世俗的精神があるのです。金、虚栄、高慢……その道を……わたしたちは選ぶことができません。一方の手で書いたものをもう一方の手で消すのは悲しいことです。しかし福音は、福音です！ 神は一つです！ そしてイエスはわたしたちのために僕《しもべ》となりました。世俗的精神はこのこととはなんの関係もありません。今日、わたしはここにあなたがたといます。大勢の人びとは薄情なこの世界で何もかも奪われてしまいました。この世界は仕事も与えず何も助けてくれません。この世の中は、子どもたちが飢餓で死にかけていても気にしません。家族に食べるものがなくても気にしません。パンを家庭に持ち帰る誇りすら失っています。大勢の人が奴隷的な状態から、飢えから、そして自由を求めて逃げても気にしていません。ランペドゥーザ島の沖で昨日多くの難民が乗ったボートが転覆し３００人以上の死者を出すことがあっても、誰も気にしていません（ランペドゥーザ島は教皇フランシスコが教皇就任後の2013年7月、はじめてローマから出て司牧訪問したところ。アフリカからの難民収容センターがある）。世俗的精神の結果です。キリスト者、ほんとうのキリスト者は、それが司祭であれ、修道女であれ、司教であれ、枢機卿であれ、教皇であっても、このような世俗の道を歩こうとは思っていません。もしも彼らが歩きたいと望むならば、殺人的な行動です。世俗的精神は殺人者です。魂を殺します。人を殺し、教会を殺します！

# 第9章 善を選ぶ自由

# 33 自由に善を選ぶこと

イエズス会系学校の学生向け講演　2013年6月7日

はじめにイエズス会の創立者聖イグナチオ・デ・ロヨラについて話をしましょう。１５３７年の秋、イグナチオは彼の最初の同志たちとローマに向かっていました。彼は旅の途中で、「人びとからあなたたちは何ものですかと問われたら、何と答えればよいだろうか」と考えていました。しかし自然に「イエスの仲間です」という答えが出てきました（Fontes narrative Societatis vol.I. pp320–22）。この名前はイエスへの深い友情と全き愛情を示し彼らがイエスに従っていきたいという高い志を表しています。なぜいまこの話を持ち出したかというと、聖イグナチオと彼の仲間は、イエスが彼らにいかによく生き、深い意義のある人生を送り、熱心さと喜び、そして希望を分かち合う生き方を教えてくれたかがわかったからです。彼らは、イエスが人生の偉大な教師であり、モデルであることを理解していました。そしてイエスがただ彼らに教えるだけでなく、彼の道へ招いてくれたことがわかったからです。

親愛なる若者よ、なぜ学校に行きますかと尋ねたら、何と答えますか。おそらく、それぞれの個性に応じていろいろな答えが出てくるでしょう。しかし、その答えは、つぎのようにまとめることができるでしょう。学校は、わたしたちが学びを通じて成長し、人生を旅することができる成熟した男女となり、人生の道を歩んで行くことができるようになるための教育の場であると。では学校はこのためにどのようにみなさんの手助けをしているのでしょうか。学校は、みなさんの知性を伸ばすだけでなく、みなさんの人間性を総合的に完成させるよう手助けをするところです。

聖イグナチオの教えに従えば、学校の主な目的は寛大さを学ぶことです。寛大さとは、もっとも大なるものともっとも小さいものの徳によってたえず地平を見つめることです(Non coerceri maximo contineri minio, divinum est)。寛大さとは、広い心と、大きな心を持つことです。神の求めに応え偉大なことを果たすという大きな理想と希望を持つことです。それはまた毎日の日課をよく果たすということです。日々の行動、仕事や人との会合をていねいによくこなすことです。神と他者に向けて大きく心を開き、日常の小さなことを果たすことです。したがって、寛大さの観点から人間形成に努めることが大切になります。学校は、たんに知的な次元だけでなく人間性も高めるところです。そしてイエズス会系の学校は人間的徳である忠実、尊敬、誠実、そして献身を涵養します。

二つの基本的徳について考えてみましょう。すなわち、自由と奉仕についてです。まず自由人でありなさい。自由とは好きなことをする、酒をとことん飲んで酔っ払い退屈を克服できるかどうか試してみることだと考えているかもしれませんが、これはわたしが意味する自由ではありません。自由とは、何をするかを考え、善悪を評価できることです。これを行なっていくことによって成長があります。善を選ぶために自由でいてください。このとき、たとえ難しかったとしても、周りの流れに抗することを恐れないでください。自由であるためにいつも善を選ぶことはたいへん難しいことです。しかしそうすることによって、人生を勇気と忍耐をもって直視することができる気骨のある人になります（parrhesia and ypomoné)。

つぎの言葉は奉仕です。学校ではいろいろな活動に参加できます。自分の殻や小さな世界に閉じこもるのではなく、むしろ、他者に心を開きましょう、とくにもっとも貧しい人たちや困っている人たちに対して心を開きましょう。彼らによってみなさんは自分たちが住んでいる世界をよくしようといっそう努力するようになります。他者のために、他者と共に、他者のために奉仕する真のチャンピオンになりなさい。

心の自由と奉仕の精神において寛大になるためには、霊的養成が必要です。親愛なる若者よ、イエス・キリストをもっともっと愛しなさい。わたしたちの人生はイエスの呼びかけに応えることです。彼の呼びかけに応えると、幸せになり、よりよい人生を歩むことができるでしょう。主があなたがたの人生にいつも寄り添っていることを感じることができますように祈っています。主はあなたがた一人ひとりのそばに、仲間として、友としています。主は、あなたを助け、理解し、困難なときには勇気づけてくれ、けっして見放さないでしょう。祈りのうちに、対話のうちに、聖書を読むときに、主があなたのそばにいることに気づくでしょう。また人生の中で神の印を見つけることができるようになるでしょう。主はいつもわたしたちに時の流れの中や日常の出来事を通して話しかけています。ですから、彼の声を聴くかどうかはひとえにわたしたち自身にかかっています。

# 34 尊厳への渇き

ブラジルバルジニャの共同体での講演 2013年7月25日

最下層の人は連帯について世界中の人びとに貴重な教訓を与えることができると思います。連帯という言葉は人びとの記憶からほとんど忘れられ、使われなくなってきました。この言葉がわたしたちを不安にするからです。連帯は悪い言葉のように思われているようです。わたしはたくさんの財産を持っている人たち、公的機関、そして社会正義のために働いている善意の人たちに訴えます。連帯に基づいてより正義に満ちた世界を実現するために行動することをけっしてあきらめないでください。世界中にある不平等に誰も無関心でいることはできません。すべての人は、一人ひとりの機会と責任によって、無数にある社会的不正義を阻止するよう個人として努力してください。利己心や個人主義の文化は今日どこでもありますが、それによってもっと住みやすい世界を作ることはできません。それを可能にするのはむしろ連帯の文化です。連帯の文化のあるところでは他者を競争相手やたんなる統計数字として見ず、むしろ兄弟姉妹として見ています。事実わたしたちはみんな兄弟姉妹なのですから。

わたしはブラジル社会が飢餓と欠乏に対する戦いに、もっとも苦しんでいる人、もっとも貧しい人も入れ、すべての人びとを対象にして努力をしていることを勇気づけたいと思っています。いかに「平和の構築」に努めたとしても、「周辺」にいる人びとを無視したり、押し出したり、排除する社会は持続することはできず、調和や幸福を達成することはできないと思います。なぜなら本質的に大切な何かを失っているからです。わたしたちは廃棄の文化がわたしたちの心に中に入り込むのを許してはいけません。廃棄の文化を許してはなりません。なぜならわたしたちは兄弟姉妹であり、誰も廃棄物ではないからです。つぎのことを忘れないでください。分かち合いができてこそ、わたしたちはほんとうに豊かになることができるのです。分かち合うことによってすべてが増えるのです。イエスがパンを増やされたことを思い出してください。社会の偉大さはもっとも困窮している人びとにわたしたちがどう向き合うかで決まります。貧困以外何もない人びとをどう扱うかで決まるのです。

天に向かって嘆くことしかできない社会的、経済的不平等の状況にあって、教会は、正義を支援し貧しい人びとを擁護します（アパレシーダ文書no.395）。そしてこの教会はすべての人びとと個人の全人格的真の発展のために行なうすべてのイニシアティブを支持しています。

親愛なる友よ、飢えている人にパンをあげることは必要です。それは正義です。しかしもっと深い飢えがあります。神だけしか満たすことのできない飢えがあります。それは尊厳への飢えです。共通善も人間の真の発展も、国や物質的でないものを支配する基本的な柱を無視するなら存在しません。「命」は、神の贈りものであり、いつも守り育まねばなりません。「家族」は、共存の基礎であり社会の分裂を防いでくれます。「統合した教育」は、利益のためだけに情報を発信することを防いでくれます。「健康」は、体だけでなく精神的な面と統合されたよい状態を指します。そのためには人間としてのバランス感覚と健康の共存が必要です。「安全」は、人間の心を変えることによってのみ暴力が克服できるという確信のことです。

最後にもうひとつ付け加えます。ここブラジルには大勢の若者がいます。若者よ、わたしの親愛なる若者よ、あなたがたは不正義に対して特別の感受性を持っています。しかしあなたがたはつぎの事実に失望しています。共通善よりも自己利益を優先する一部の人びとの腐敗に失望しています。みなさん一人ひとりに言います、けっしてあきらめないでください。信頼する心を失わないでください。希望の火を消さないでください。状況は変わります。人は変わります。善いことをする最初の人になってください。悪いことに慣れないでください。悪を善で打ち負かしてください。教会はあなたがたと共にあり、大切な信仰を分かち与えます。イエス・キリストを与えます。キリストが来たのは「……羊が命を受けるため、しかも豊かに受けるため」だからです（ヨハネによる福音書10：10）。

# 35 平和への揺るぎない心

聖エジディオ共同体による国際平和集会での講演　2013年9月30日

諸宗教の指導者として、わたしたちはたくさんのことができます。平和はわたしたちすべての人の責任です。ですから共に平和のために祈り、働きましょう。宗教の指導者はいつも男性であっても女性であっても平和の人でなければなりません。平和を愛することはわたしたちが代表している宗教の深い伝統に刻みつけられているからです。ではわたしたちには何ができるのでしょうか。みなさんのこの会議は将来への道を示していると思います。つまりみなさんは対話をする勇気があるからです。その対話の勇気こそ将来への希望です。たんなる未来についての楽観主義とは違います。希望です。

対話が不在のところには、社会でも世界でも、どこでも平和はありません。わたしたちはいつも自分の心を開き、ほんとうに誠実に、お互いの違いを理解するために自分の利益の狭い枠を超えるのが苦手です。平和の実現には、粘り強い忍耐と力強い知的な対話が必要です。対話によってお互いに何も失うことはありません。対話によって戦争は克服できます。対話があれば、異なった世代の人たちも、お互いを無視することなく、共に暮らすことができます。民族的背景が異なっていても、お互いに信じるものが違っていても、対話があれば共存することができます。対話こそ平和への道です。対話によって理解、一致、平和が促進されます。ですから、異なった状況にいる人や信条が違う人の間で対話を発展し広げていくことが肝心です。対話は世界を、とくにもっとも弱い人びとを守る安全ネットとなります。

宗教的指導者としてわたしたちは、真の対話の人となるように、また平和を築くために、仲介者ではなく、真の調停者として協力するように招かれています。仲介者は自分の利益のために最後にはすべての人に譲歩しますが、調停者は自分の利益ではなく、自分のすべてを投げ打って平和のために寛大な行動をとります。わたしたち一人ひとりが平和の職人として、分裂ではなく一致を求め、憎しみを捨て、壁を作るのではなく、対話の道を開かなければなりません。世界に対話の文化、出会いの文化を築くためにお互いに会い、対話をしましょう。

# 36 新しい連帯のために

教皇財団100周年記念での講演　2013年5月25日

「連帯の再考」とはどういう意味でしょうか。もちろんそれは現在の教会の教えを問いただすことではありません。なぜなら教会の教えはますます将来を考え、刷新されてきていますから。むしろ、つぎの二つのことを意味するのではないでしょうか。一番目は、教会の教えと社会・経済の発展を見直すことではないでしょうか。なぜなら一方は不変で、もう一方は絶えず変化しており、つねに新しい局面が生まれてきているからです。二番目の点は、連帯のこれまでの実りをさらに豊かにするために連帯の知識を深めていくことではないでしょうか。つまり連帯は福音、すなわちイエス・キリストに依拠しているので、汲《く》んでも枯れない泉のように新しい実りの源泉ですから。

今日の経済・社会的危機によって、連帯の再考が急務になっています。回勅「働くことの意味」に示されている教会の社会的教えを肯定することが時宜《じぎ》を得ています。回勅は「全人類の家族を見ると、巨大な不都合な事実に驚きます。目立つ天然資源は使われていませんが、大勢の失業者や数えられないほどの飢餓に苦しむ人びとがいます。疑いもなく……何かが間違っていることを示しています」と（no.18）。失業が――つまり仕事がないのか失ったこと――西洋社会に油の膜のように広がっています。その結果貧困の状況は驚くほど広がってきています。さらにわたしが強調したいのは、パンを稼ぐことができず彼らから労働の尊厳が奪われてしまうことほど最悪な物質的貧困はありません、この「何か悪いこと」はいまや地球上の南側地域に限られたものではなく、全地球的なものとなっています。したがって連帯の再考という意味は、たんに貧しい人びとを助けるということではなく、地球的規模でシステムを全人類の基本的権利と一致するように改革する道を求めなければならないということです。

経済界から悪い意味でとられている連帯という言葉を、本来の社会的市民のつながりという意味に戻さなければなりません。連帯は別な態度をとるという意味でもなく、また社会的奉仕のことでもありません。むしろ社会的価値のことを言っているのです。市民権のことを言っているのです。

現在の危機はたんに経済、金銭的なものだけではなく、もっと深い倫理と人類学上のものです。人の価値ではなく権力、利益、金を至上とする偶像崇拝が活動の基準となり、組織上の極めて重要な基準となっています。わたしたちは、人間がビジネスや論理、市場のパラメータ以上の存在であることを忘れ、またいま忘れつつあります。「大切である」のは男性であり女性なのです。彼らは深い尊厳を持った人間であるので、彼らが尊厳のある生活を送ることができるように、そして共通善に参加できるように機会を与えてください。

## 第10章

# 聖母マリア、福音を説く聖母

# 37 聖母マリアにならって

5月聖母マリアの月の終わりにあたっての講演　2013年5月31日

マリアの態度は、聴くこと、決めること、行動することの三つの言葉によって表されます。これらの態度は、わたしたち一人ひとりが主から人生で求められることに向き合うときの指針になるものだと思います。聴くこと、決めること、そして行動することです。

## 1　聴くこと

マリアが親類のエリザベトのところに行くきっかけは何だったのでしょう。それは、神のみ使いの天使が、「あなたの親類のエリザベトも、年をとっているが、男の子を身ごもっている」と答えたときです（ルカによる福音書1：36）。マリアは神の声を聴くことができました。注意してください。たんに聞くという表面的な意味ではありません。聴くということです。

この意味は神の声を注意して聴き、それを心で受けとめ、自分を神にゆだねることです。これはわたしたちがときどき注意散漫のうちに、主や他者の声を聞いているのとは違います。わたしたちの場合、言葉は聞こえているのですが聴いてはいません。マリアは神に心を集中していています。彼女は神の声を聴いているのです。

同時にマリアは、出来事の意味が何かを注意深く聴いているのです。つまり自分に起きたことを深く考えているのです。彼女はいま起きていることに集中しているのです。表面的に見ているのではなく、その真の意味を理解するために深く考えているのです。彼女の親類のエリザベトは年をとっているのですが、身ごもっています。これは普通のことではありません。マリアは慎重にその意味を考えています。彼女は理解しました。つまり「神にできないことは何一つない」と（ルカによる福音書一：37）。

これと同じことがわたしたちの人生にもあります。わたしたちに話しかける神の声を聴くこと、毎日のことに耳を傾けること、人びとに、出来事に注意を向けることです。なぜなら主がわたしたちの人生の扉の前に立っておられ、いろいろな形でドアをノックされるからです。主はまた印を置いて行かれ、同時にわたしたちがそれらを見ることができるように力をくださいます。マリアは聴くことの母です。神の声をよく聴くことができます。同じように人生の出来事をよく聴くことができます。

## 2 つぎの言葉：決心すること

マリアは急ぎません。ルカが強調しているように、「しかし、マリアはこれらの出来事をすべて心に納めて、思い巡らしていた」（ルカによる福音書2：19、51）。さらに天使が告げたとき、「どうして、そのようなことがありえましょうか」と尋ねました（ルカによる福音書1：34）。しかし彼女はそこに留まることなく、もう一歩踏み出しました。彼女は決心しました。彼女は落ち着いています。しかし必要なときには急ぐことができます。彼女は周りの出来事に振り回されません。彼女は決定するときは労を惜しみません。それが彼女の人生を変えるときであってもまた日常の出来事についても。つまり「わたしは主のはしためです……」（ルカによる福音書1：38参照）。カナの婚礼のときのことを思い出します（ヨハネによる福音書2：1－11参照）。ここでも、マリアの現場主義、人間性と実用的な性格がわかります。彼女は出来事や問題が何かをいつも注意深く考えています。

彼女は若いカップルが婚礼の席でワインがなくなって困っているのがわかりました。考えて、イエスができることがわかっていたので、息子に何かしてくれるように頼みました。「ぶどう酒がなくなりました」とだけ知らせました（ヨハネによる福音書2：3）。彼女はイエスに話しかける決心をしたのです。

人生において決心をすることは難しいと思います。ややもすると決定を先延ばしにしてしまいます。あるいは他の人に決めてもらいます。しばしば出来事をなりゆきに任せるのを好みます。時には何をすべきかわかっていてもそれを実行する勇気がありません。あるいはそうすることがたいへん難しいと考えがちです。なぜなら決心することは流れに逆らうことになるからです。受胎告知のとき、エリザベト訪問のとき、カナの婚礼のとき、マリアは流れに逆らいました。彼女は神の声を聴きます。それから考え、何が起きているのか理解しました。神にすべてをゆだねる決心をします。彼女は身ごもっていましたが、年寄りの親類を訪ねる決心をしました。時が経って、婚礼の喜びが続くように息子に自分を任せます。

### 3 三番目の言葉：行動

マリアは旅に出かけます。彼女は「急いで」出かけました（ルカによる福音書1：39参照）。先週の日曜日、わたしはこの箇所に線を引きました。訪問の困難や批判にもかかわらず、何も彼女の決心を止めることはできませんでした。ここで彼女は、「急いで」出かけて行きました。マリアは神の前で祈りをするときや自分の人生のことについて考え思い巡らしているとき、急ぎません。彼女は決して衝動的ではなく、出来事に流される人ではありません。しかし、神の意志がわかり、何をすべきかわかったとき、彼女はぐずぐずして決心が遅くなったりすることはありませんでした。「素早く」決心します。聖アンブロシウスは、「聖霊の動きは素早い」と言っています（Expos.Evang.sec.Lucam II, 19: PL15, 1560）。マリアの行動は、天使の言葉に従順に従った結果というだけでなく、エリザベトのところへ手伝いに行った愛の行為でした。家を出て同時に自分の殻から出て、愛のためにもっとも大切なものと出かけて行きました。イエスと出かけたのです。マリアは息子を連れて行ったのです。

わたしたちはよく聴くことや果たすべきことを考えるのをやめてしまいます。何をすべきかはっきりしているときでも、行動に移しません。ましてマリアのように、イエスと福音——

わたしたちがいただいたもっとも大切なもの――を言葉や行動であかしするために、他者のために「素早く」動いて自らを危険にさらすことはありません。

マリアは、聴くこと、決心すること、そして行動することができる女性です。

# 38 聖母マリアの信仰

聖母マリアの日の祈り　2013年10月12日

マリアの信仰とは？

1　マリアの信仰の最初の点は、罪のもつれを解くことです（教会憲章56参照）。罪のもつれを解くとはどんな意味でしょう。第二バチカン公会議の教父たちは2世紀の聖人エイレナイオスの言葉を引用してつぎのように説明しています。「エバの不従順のもつれがマリアの従順によって解かれ、おとめエバが不信仰によって縛ったものを、処女マリアが信仰によって解いた」（聖エイレナイオス『異端反駁』Ⅲ、22、4）。

不従順のもつれ、不信仰のもつれ、子どもが両親に従わないとき、小さなもつれができたと言います。このもつれは子どもが自分の行為を意識しているとき、とくにうそをついたときにできます。この瞬間、子どもは両親の信頼を裏切ったのです。みなさんはこのようなことがたくさんあることをご存知でしょう。子どもと両親の関係はこの間違いをただすことから始めなければなりません。まず子どもは調和と信頼を回復するために両親にゆるしを乞わねばなりません。これと似たようなことがわたしたちと神との関係で起きます。わたしたちが神の声を聴かず、神の意志に従わず、神への不信を表す何か具体的なことをしたとき、つまり、罪のことですが、ある種のもつれがわたしたちの心の奥深いところにできます。このもつれができると、わたしたちの心の平和と安心がなくなります。たいへん危険なことです。大きくなったもつれは解こうとするともっと苦痛になり、難しくなります。

しかしわたしたちはたったひとつですが、神のいつくしみに不可能なことはないことを知っています。いかに幾重にももつれた糸でも神の恵みによって解くことができます。かつて不従順によってできたもつれを解くためにマリアの「はい」という言葉が神の扉を開き、わたしたちの心のもつれを父のいつくしみによって解いたように、マリアは忍耐強く愛情をもってわたしたちを神のところに連れて行ってくれます。わたしたちはみんななんらかのもつれを持っています。わたしたちはそれぞれの心の中にある自分の人生のもつれを見つけることができます。しかし「父よ、わたしのもつれは解けません」と言うのは間違っています。わたしたちの心にあるもつれは、良心のもつれ、どんなもつれであっても解くことができます。神のいつくしみに信頼し、もつれを解き、変わるためにマリアに助けを求めていますか。信仰の深いマリアはきっとあなたにこう告げるでしょう、「立ち上がりなさい、主のもとに行きなさい。神はあなたのことをわかっています」。マリアは、わたしたちの母は、手を引いて御父のところへ導いてくださり、御父のいつくしみのうちにわたしたちを迎えてくださいます。

2　第二点は、マリアの信仰によってイエスが人となったことです。第二バチカン公会議はつぎのように言っています。「……マリアは信じて従い、しかも男性を知らず、聖霊に覆われ、新しいエバとして、……父の御子を地上に誕生させた」と（教会憲章63）。この点を教父たちは主張しました。マリアが神のみ使いの天使に「はい」と答えたとき、信仰によってイエスを身ごもりました。これはどういう意味でしょうか。神はわたしたちの自由を無視することを望まれていませんでした。神はマリアが自分の意志で自由に選ぶことを望まれていたのです。つまりマリアが自由に「はい」と答えることを望まれていました。神はマリアにできますかと尋ねられ、マリアは「はい」と答えました。

処女マリアに単独で起きたことは、わたしたちが神の言葉を、善意を持ち誠実に受けとめるときに、わたしたちのうちにも霊的に起きます。これはちょうど神がわたしたちのうちに人として住まわれるという意味です。神はイエスを愛し、言葉を守るすべての人の心に住まわれます。これを理解することは難しいかもしれません。しかし心で感じることは案外と容易にできます。

イエスが人となったことは過去の出来事で、自分には個人的に何の関係もないと思っていますか。イエスを信じることは、マリアの謙虚さと勇気をもってイエスに自分のからだを与えることを意味しています。そうすることでイエスがわたしたちのうちに住み続けることができるからです。イエスにわたしたちの手をお貸しすることです。そうすればイエスは小さき人びとや貧しい人びとをやさしくなで、また足をお貸しすれば兄弟姉妹に会いに行かれます。腕をお貸しすれば、弱い者を支え主のぶどう畑で働かれます。心を差し上げれば、愛され、神の意志に基づいて判断されます。これらのことはすべて聖霊の働きを通して起きます。

このように、わたしたちは神の道具となり、イエスがこの世でわたしたちを通じて働くようになります。

3　第三点は、マリアの信仰は旅路です。第二バチカン公会議で、マリアは、「信仰の旅路を進み」と述べています（教会憲章58）。このようにマリアはわたしたちの前を歩まれ、共に歩み、支えてくださいます。

マリアの信仰の旅路はどうだったのでしょう。マリアの人生はひたすらイエスに従って行くことでした。イエスが道でした。イエスこそ道でした。信仰の道を進むこと、霊的巡礼を進むことはまさにイエスに従うことです。イエスの声に耳を傾け、彼の言葉に導かれることです。イエスの行動を見て、彼の跡をたどるのです。イエスと同じ感情を持つことです。

イエスの心とは何でしょうか。謙虚さ、いつくしみ、他者への接近と、偽善、二枚舌、偶像崇拝をきっぱりと拒絶することです。イエスの道は、たとえ自らの命を犠牲にしても、最後まで愛を貫くことです。十字架への道です。マリアは初めから、つまりヘロデ大王が新しく生まれた赤ん坊を殺す命令を出したときからこのことを理解していました。しかしこの十字架の経験は、イエスが拒絶されたときからマリアの信仰をさらに深くしました。マリアはいつもイエスと共にいました。群衆の中でもイエスに従っていました。そして主に反対するたくさんの悪意のあるうわさを聞きましたが、マリアはそれを彼女の十字架として担ったのです。マリアの信仰は誤解と蔑《さげす》みに出会いました。イエスの「時」が来たとき、受難のとき、マリアの信仰は暗闇の中で小さく光っていた炎でした。聖土曜日の夜、マリアは寝ずの番をしていました。彼女の灯は小さいものでしたが、復活のときまで燃え続けました。墓が空《から》になっていると聞いたとき、マリアの心は信仰の喜びで満たされました。キリスト者の信仰であるイエスの死と復活です。信仰はいつも喜びをもたらします。マリアは喜びの母です。マリアがわたしたちを喜びの道へ導き、この喜びを教えてくださいますように。イエスとマリアの出会う喜びこそ最高です。なんと素晴らしい経験でしょう。マリアのこの信仰の旅はまさに喜びの頂点です。全教会の頂点です。わたしたちの信仰はどうでしょうか。マリアのように苦しみのときでも暗闇の中でも信仰を燃やしていますか。信仰の喜びを感じていますか。

# 39 聖母マリアのとりつぎによって

『福音の喜び』no. 285-288　２０１３年11月24日

十字架の上でイエスが自らのからだでこの世の罪を神のいつくしみと出会い耐え抜いているとき、彼は足もとに母と友人がいることで慰めを感じました。御父が与えた業《わざ》を十分に果たす前のその大切な瞬間にイエスはマリアに「婦人よ、御覧なさい。あなたの子です」と言われました（ヨハネによる福音書19：26－27）。死に直面したこのイエスの言葉は母への献身や気遣いではなく、むしろ特別の救済の使命の神秘を表す啓示でした。このあとに、イエスは「すべてのことが今や成し遂げられた」ことを知ったのです（ヨハネによる福音書19：28）。十字架の下で、新しい創造のときに、キリストはわたしたちをマリアへと導かれたのです。キリストがわたしたちをマリアのところに連れて来られたのは、わたしたちが母なしで旅をするのを望まれなかったからです。わたしたちはこの母のイメージに福音のすべての神秘を読み取ります。

主は教会にこの素晴らしい女性の模範を残さずにはおられませんでした。マリアはイエスを大きな信仰によってもたらし「神の掟を守り、イエスのあかしを守りとおしている者たち」に同伴された（ヨハネの黙示録12：17）。マリアと教会と忠実な信徒は、各々の立場でキリストをあかししていますが、彼らの緊密な関係は、福者ステラのイサクによってつぎのように美しく述べられています。「神の息吹によって書かれた聖書で、教会は、普遍的処女である母という意味で、処女マリアとして理解されています。……ある意味ではすべてのクリスチャンは神の言葉の花嫁、キリストの母、娘であり妹、同時に処女であり実り豊かな信徒として……キリストはマリアの胎内という聖櫃《せいひつ》の中で9ヶ月住まわれました。教会の信仰という聖櫃の中でキリストは世の終わりまで住まわれます。一人ひとりの信徒の知識と愛のうちに永遠に住んでおられます」と。

マリアは馬小屋をイエスの家に変えることができました。たとえ粗末な布でイエスを包んでいても溢れんばかりの愛でイエスを包まれました。マリアは御父を讃えるはしためです。

わたしたちの人生でワインが切れていないか気遣う友人です。マリアは心を槍で貫かれ、わたしたちの痛みがわかる女性です。すべての人の母として、マリアは正義のために痛み苦しんでいる人びとの希望です。マリアは派遣された使徒です。マリアは母親の愛によってわたしたちの近くに寄り添い、人生を共に歩み、心を信仰に開いてくださる方です。一人のほんとうの母として、わたしたちのそばにおられ、共に歩み、苦しみを分かち合い、神の愛で包んでくださる方です。マリアのいろいろな称号は、しばしば聖堂の名前に付けられていますが、福音を受け入れた人びとと彼らの人生を分かち合い、彼らの歴史的特徴を示しています。多くのキリスト者の両親は、マリアの母性に信頼して、マリアに捧げられた聖堂で子どもに洗礼を受けさせたいと望んでいます。そしてそこでまた神の子どもが生まれます。これらの聖堂へマリアがどれほど大勢の彼女の子どもたちを招いているかがわかります。彼らは巡礼者として苦労してマリアに会いに行き、聖堂でマリアと出会い、人生の疲れや苦しみに耐えるため神の力をいただきます。マリアがメキシコの聖ホアン・ディエゴにされたように、母の安らぎと愛を与えます。そして彼らの耳元でつぎのようにささやきます。「悩まないでください。……あなたの母がここにいるではありませんか」と。

生きている福音、マリアの取り次ぎによってこの新しい福音化への招きがすべての聖職者によって受け入れられますように願っています。マリアは信仰の人です。信仰を生き、信仰のうちに前進する方です。「マリアのすぐれた信仰の巡礼は教会にとって永遠の道標です」。マリアは、豊かな奉仕に向かって進む信仰の巡礼にあたって、自らを聖霊にゆだねます。今日わたしたちはマリアにつぎのように願います。わたしたちが救済のメッセージを伝え、そしてつぎに新たな信徒ができ、彼らがさらに福音を伝える人となりますようにと。この福音を告げる旅の途中で、わたしたちはむなしさ、暗闇、そして疲れを感じることがあります。マリアはご自身でもイエスが子どものころいたナザレでこのような経験をされています。「これは喜びに満ちたよい知らせの始まりです。しかしそれは同時に、十字架の聖ヨハネが言うように、『ベールのようなものを通して見えない御一人のひとに近付き神秘のうちに親しく生きる』ことの始まりでした。マリアは長い間、彼女の御子の神秘と親しくされ、彼女の信仰の旅路を進まれたのです」。

教会の福音を告げるときには、マリアのようなスタイルがあります。マリアを見るたびに、わたしたちは彼女の革命的愛とやさしさを再び信じるようになります。彼女に、わたしたちは謙虚さとやさしさがけっして弱者の徳ではなく自分を偉く見せるために他者を貶《おとし》めない強い人を見出します。マリアについて観想するとき、彼女は神が、「権力ある者をその座から引き降ろし」、「富める者を空腹のまま追い返されます」（ルカによる福音書1：52-53）ことを讃えます。同時に、わたしたちが正義を求めるときに、彼女は家庭の温かさを与えてくれます。彼女はまた、「すべて心に納めて、思い巡らしていた」（ルカによる福音書2：19）人です。

マリアは神の霊を大きなことにも小さなことにも認めることができました。いつもこの世にあって、人類の歴史のうちに、そして日常の生活のうちに神の神秘を観想されています。ナザレでは彼女は祈りと働く人でした。また救いの聖母です。「急いで」（ルカによる福音書1：39）自分の町から他者のために出かけて行かれる方です。したがって、マリアが正義とやさしさ、祈りと他者への気遣いを持っておられるので、聖職者は福音を告げる模範としてマリアを見倣うのです。教会が多くの人びとにとって家庭となり、母となり、その結果、新しい世界を開いてくださるように母の取り次ぎを切に願います。昇天されたキリストはわたしたちを自信と揺らぐことのない希望で満たしつぎのように言われました。「見よ、わたしは万物を新しくする」（ヨハネの黙示録21：5）。マリアと共にわたしたちは自信をもってこの約束の実現に向かって前進して行きます。

## 教皇フランシスコの主な経歴

| 年 | 月日 | 主な経歴 |
|---|---|---|
| 1936年 | 12月7日 | ホルヘ・マリオ・ベルグリオ、ブエノスアイレスで誕生。イタリアのマルシェからアルゼンチンへ移民した家族、父マリオは鉄道会社の会計士、母のレジーナ・シボリは主婦。ホルヘは5人兄弟・姉妹の長男、オスカー、マルタ、アルベルト、マリア・エレナ |
| 1957年 | | 化学の学士号取得後、司祭になるためヴィッラ・デヴォート神学校入学 |
| 1958年 | 3月11日 | イエズス会修練院へ |
| 1960年 | 3月12日 | イエズス会初誓願 |
| 1963年 | | チリのサンチャゴで教養課程修了後、アルゼンチンへ帰国、サン・ミゲルのサン・ホセ神学校で哲学の学位修得 |
| 1964年〜66年 | | 文学と心理学をサンタフェ、その後ブエノスアイレスで教える |
| 1969年 | 12月13日 | 司祭叙階 |
| 1970年 | | サン・ホセ神学校で神学修得 |
| 1973年 | 4月22日 | イエズス会最終誓願 |
| | 7月31日 | アルゼンチンイエズス会管区顧問をへてイエズス会管区長就任 |
| 1980年 | | サン・ホセ神学校院長就任 |
| 1986年 | | 神学博士号修得のためドイツ留学、研究テーマはロマーノ・グァルディーニについて。研究中、本国の上長の命で上級職就任のためアルゼンチンに帰国、コルドバの教区で司祭として司牧活動 |

| | | |
|---|---|---|
| 1992年 | 5月20日 | 霊的指導者、聴罪司祭として数年司牧活動、その後、ヨハネ・パウロ2世によってブエノスアイレス補佐司教に任命、アントニオス・クアラチノ枢機卿のもとで働く。6月27日同枢機卿より司教叙階、司教のモットーとしてMiserando atque eligendo（あわれみ、そして選ばれた）を司教の紋章に入れた。紋章にはイエズス会の紋章にあるイエスを表すＩＨＳも入れた |
| 1993年 | 12月21日 | ブエノスアイレス大司教区司教総代理に任命 |
| 1997年 | 6月3日 | ブエノスアイレス協働大司教に任命、1年後クアラチノ枢機卿の帰天、あとを継いで1998年2月28日ブエノスアイレス大司教となる。 |
| 2001年 | 2月21日 | ヨハネ・パウロ2世によって枢機卿に叙任 |
| 2005年 | | ベネディクト16世選出のコンクラーベ（教皇選挙）参加 |
| 2013年 | 2月11日 | ベネディクト16世2月末日で引退表明 |
| | 3月13日 | 新しい教皇に選出、フランシスコを名乗る。初めてのラテンアメリカ出身、はじめてのイエズス会出身、初めてフランシスコの名前を名乗った教皇 |
| | 4月7日 | ローマ司教着座 |
| | 6月24日 | 宗教事業協会（バチカン銀行）の活動を点検する教皇直轄調査委員会発足 |
| | 6月29日 | 最初の回勅「信仰の光」出版、ベネディクト16世の残した草案を引継ぎ完成 |
| | 7月8日 | イタリア最南端のランペドゥーザ島へ歴史的訪問 |
| | 7月22〜29日 | ブラジル、リオ・デ・ジャネイロで開催の「世界青年の日」に参加 |
| | 9月22日 | サルディニーア・カリアリへ司牧訪問 |
| | 9月28日 | 枢機卿評議会創設、教皇に普遍教会の統治、使徒憲章「よき牧者」、教皇庁の役割などについての助言する評議会 |
| | 10月4日 | アシジへの司牧訪問 |
| | 11月24日 | 使徒的勧告『福音の喜び』出版 |
| 2014年 | 2月22日 | 新枢機卿親任のために枢機卿会議を召集 |

（原書刊行時における経歴）

# 出典リスト

1 「いつくしみ深い神の心につつまれて」：ローマ司教座着座式ミサ説教、２０１３年４月７日（www.vatican.va）
2 「信仰のひかり」：『信仰の光』no.4, 34. ２０１３年６月29日（www.vatican.va）
3 「キリスト者のメッセージ」：復活徹夜祭ミサ説教、２０１３年３月30日（www.vatican.va）
4 「革命的自由」：ローマ教区教会会議参加者への講演、２０１３年６月17日（www.vatican.va）
5 「キリストと共に」：カトリック要理教育国際会議参加者への講演、２０１３年９月27日（www.vatican.va）
6 「貧しい人たちの叫びを聴く」：『福音の喜び』no.186-188, 198, ２０１３年11月24日（www.vatican.va）
7 「一致の家」：一般謁見、２０１３年９月25日（www.vatican.va）
8 「すべての人を歓迎する家」：一般謁見、２０１３年10月２日（www.vatican.va）
9 「調和の家」：一般謁見、２０１３年10月９日（www.vatican.va）
10 「福音を全世界へ広げるため派遣されて」：一般謁見、２０１３年10月16日（www.vatican.va）
11 「聖霊にみちびかれて」：一般謁見、２０１３年５月15日（www.vatican.va）
12 「福音、調和、使命」：聖霊降臨の日の説教、２０１３年５月19日（www.vatican.va）
13 「恐れるな」：レジーナ・チェリ（天の元后）、説教、２０１３年４月14日（www.vatican.va）
14 「神の言葉を告げて」：城壁外の聖パウロ大聖堂での説教、２０１３年４月14日（www.vatican.va）

15 「福音を告げるために招かれて」：ブラジル司教団とのミサでの説教、２０１３年7月27日（www.vatican.va）

16 「希望と喜びを伝えて」：アパレシーダ聖母大聖堂での説教、２０１３年7月24日（www.vatican.va）

17 「すべてを捧げて」：信仰宣言に関するイタリア司教団会議でのミサ説教、２０１３年5月23日（www.vatican.va）

18 「自分の殻を破って」：一般謁見、２０１３年3月27日（www.vatican.va）

19 「歩くこと」：イタリア、アシジの聖ルフィーノ大聖堂での聖職者への説教、２０１３年10月４日（www.vatican.va）

20 「十字架を背負って」：枝の主日の説教、２０１３年3月24日（www.vatican.va）

21 「福音を告げて」：一般謁見、２０１３年5月22日（www.vatican.va）

22 「牧者となるために」：新司教への講演、２０１３年9月19日（www.vatican.va）

23 「仕える司祭」：説教、２０１３年4月21日（www.vatican.va）

24 「人びとを塗油し聖別する」：聖香油のミサ説教、２０１３年3月28日（www.vatican.va）

25 「周辺」へ出かけて行く」：聖霊降臨徹夜祭の一般信徒への講演、２０１３年5月18日（www.vatican.va）

26 「心のこもったもてなし」：ドノ・ディ・マリア、ホームレスシェルターでの講演、神の愛の宣教者会、２０１３年5月21日（www.vatican.va）

27 「難民と命のもとを絶たれた人びと」：教皇庁移住者と渡り労働者の司牧に関する評議会総会での講演、２０１３年5月24日（www.vatican.va）

28 「連帯の文化」：ローマイエズス会難民支援センター「チェントロ・アスタッリ」での講演、２

013年9月10日（www.vatican.va）
29 「力と暴力の論理」：平和の祈り徹夜祭説教、2013年9月7日（www.vatican.va）
30 「金銭崇拝のカルト」：一般謁見、2013年6月5日（www.vatican.va）
31 「出世主義はサタンの誘惑」：教皇庁聖職者アカデミーでの講演、2013年6月6日（www.vatican.va）
32 「世俗的精神の仮面を剥がす」：アシジの大司教館「放棄の部屋」での講演、2013年10月4日（www.vatican.va）
33 「自由に善を選ぶこと」：イエズス会系学校の学生向け講演、2013年6月7日（www.vatican.va）
34 「尊厳への渇き」：ブラジルバルジニャの共同体での講演、2013年7月25日 www.vatican.va）
35 「平和への揺るぎない心」：聖エジディオ共同体による国際平和集会での講演、2013年9月30日（www.vatican.va）
36 「新しい連帯のために」：教皇財団100周年記念での講演、2013年5月25日（www.vatican.va）
37 「聖母マリアにならって」：5月聖母マリアの月の終わりにあたっての講演、2013年5月31日（www.vatican.va）
38 「聖母マリアの信仰」：聖母マリアの日の祈り、2013年10月12日（www.vatican.va）
39 「聖母マリアのとりつぎによって」：『福音の喜び』no. 285-288, 2013年11月24日（www.vatican.va）

# 訳者あとがき

本書『教皇フランシスコ　いつくしみの教会』は2014年にイタリアで出版された"*La Chiesa Della Misericordia*"の邦訳です（翻訳は"*The Church of Mercy*" LOYOLA PRESS, 2014を使用しました）。ここには教皇に就任してからほぼ1年間にわたるミサや一般謁見での説教、司教、司祭や修道者、ホームレスや難民センターのカトリック関係者、そしてカトリック系学校の学生たちへの講話などの中から、「カトリック教会のビジョン」となるものがまとめられています。

教皇フランシスコは2013年11月に『福音の喜び』と題した使徒的勧告を出されましたが、その内容は本書と重なる部分がたくさんあります。『福音の喜び』が教皇のあらたまった未来への指針とすれば、本書『教皇フランシスコ　いつくしみの教会』はわたししたちが明日のために毎日心をふりかえるためのハンドブックと言えます。

教皇フランシスコについてはすでにたくさんの記事や書籍が出ていますが、本書は教皇の考え方、感じ方、行動についてまとめたものです。本書の意図と教皇をよりよく理解するためには、つぎの三つのキーワードを理解するとよいでしょう。

一番目は、教皇がイエズス会会員であること、二つ目は教皇ヨハネ23世、そして最後に第二バチカン公会議です。

一番目。イエズス会は、スペイン北部バスク地方出身のイグナチオ・デ・ロヨラによって創立され、１５４０年に正式に教皇パウロ3世に認可された修道会です。イエズス会の意味は「イエスの仲間」という意味です。イエズス会会員たちは、聖イグナチオの霊的な体験を基に記した『霊操』によって神の望まれることを理解し（識別）、神の大いなる栄光のためにすべてのものに神を見出し、地の果てまで福音を伝えるために出かけていきます。彼らは実践の人であり、活動の中に祈りを求めています。１５４９年に来日したフランシスコ・ザビエルもイグナチオの信頼するイエスの仲間の一人で、ローマからはるか東の「周辺」日本へ福音を告げるために出かけてきました。

つぎは教皇ヨハネ23世です。ヨハネ23世は1958年に教皇に選出されました。彼の在位期間は5年間に満たず短かったのですが、2000年の伝統のあるカトリック教会に「少し風を入れましょう」と第二バチカン公会議（1962年～1965年）を招集し、教会の刷新・現代化をはかりました。また1963年のキューバ危機に際してケネディ大統領とフルシチョフ首相の仲立ちをして核戦争の回避に尽力されました。ヨハネ23世はユーモアの大切さを教えてくれた教皇でもありました。彼は難しい話をだれにでもわかるようにユーモアに包んで話すことができました。教皇フランシスコは2005年のコンクラーベ（教皇選挙）のときは次点でしたが、もしも選ばれていたならヨハネ23世を名乗っていたと言われています。

三番目はなんといっても第二バチカン公会議です。この会議によって長い伝統の中であまりにも硬直的になっていた教会に新しい風を入れ刷新が行われたからです。ヨハネ23世は「たまったホコリを払うのだ」とユーモアたっぷりに言われましたが、教会を、トップダウンのピラミッド型位階制度からフラットな分かち合う教会へ、すべての善意の人と平和に向けての協働と諸宗教間の対話の推進をキリスト者のミッションとし、貧しい人びとの視点に立って大きく改革へ漕ぎだしたのです。いまわたしたちが教会で日本語のミサに与ることができるのも第二バチカン公会議の改革の結果です。それまではラテン語のミサでした。

教皇フランシスコは第二バチカン公会議に参加されていませんでしたが、第二バチカン公会議のダイナミックな聖霊の息吹の中で神から与えられたミッションを果たしてこられました。本書と『福音の喜び』を合わせてみると、教皇があたかも一人で第三バチカン公会議を始めたような気がしてきます。わずか2年足らずのうちに諸宗教の人たちとの対話、教皇として初めての司牧訪問先にイタリアと北アフリカの間にあるランペドゥーザ島難民センターを選択、教会の改革、現代化のためG9と呼ばれる9人の枢機卿からなる顧問団の設置、教皇庁の官僚主義の打破、バチカン銀行の正常化などを推進しています。

また2014年と2015年10月に開催された家族に関するシノドス（世界代表司教会

議：ギリシャ語で共に歩むという意味）の運営方法は、教皇の新しいアプローチがはっきりと表れた会議になりました。トップダウンの中央集権的なアプローチではなく、世界中から集まった265名の参加者とお互いに対等の立場で自由な意見交換ができる場となりました。また官僚的自己中心的な閉ざされた集まりから、記者会見も期間中多く行われ対外的に大きく開かれた会議となりました。教皇が本書の中でよく言われる〝内に閉じこもった教会〟よりも、〝混乱してもイエスと神の民のために働く教会〟の姿がそこにはありました。

さらに2015年6月、教皇は「ラウダート・シ」環境に関する回勅を出し、「わたしたちの後に続く人びと、また成長しつつある子供たちのためにわたしたちは一体どのような世界を残していきたいのでしょうか」（no.160）と問いかけられました（回勅のタイトルは教皇の名前アシジの聖フランシスコの太陽の賛歌からとったもの、主を称えてという意味）。教皇の刷新・改革への努力はさらに続けられていくでしょう。

最後に、本書を日本に紹介するに至った経緯について触れておきます。『教皇フランシスコ――「小さき人びと」に寄り添い、共に生きる』（明石書店、２０１４年）、『教皇フランシスコ　喜びと感謝のことば』（明石書店、２０１５年）が山田經三神父により刊行され、本書の邦訳刊行は山田神父の教皇フランシスコシリーズの第3弾となるはずでした。しかし残念なことに山田神父は今年の夏突然訪問先の広島で逝去され、一時は翻訳を断念しようかと思いました。しかし山田神父が生前、「さあー、つぎはこの本だ」と言われた言葉に強く背中を押され、翻訳をやり遂げることができました。

山田神父は、教皇フランシスコがヨハネ23世と似ておられるように、山田神父のイエズス会員としての足跡も教皇フランシスコと重なります。二人はほぼ同じ時期にお互いに地球の反対側でイエズス会に入会し、司祭になりました。第二バチカン公会議の生き生きとした聖霊の息吹の中、イエスの仲間として、教皇はラテンアメリカ・カリブ司教会議議長としてアパレシーダ文書をまとめ、貧しい人びとに寄り添い、彼らの視点からの改革の道筋をつけました。一方、山田神父はラテンアメリカで始まった解放の神学を日本へ紹介し、小さき人びとの視点に立った教会の社会活動を教え実践されてきました。

山田經三神父の天国からの励ましと明石書店の森本直樹氏の助言に心から感謝しお礼を申し上げます。そして教皇フランシスコの改革のビジョンが実現できますように一緒にお祈りしてください。

２０１５年11月

栗栖徳雄

**訳者紹介**

**栗栖徳雄**（くりす・とくお）

1944年生まれ。1967年上智大学外国語学部英語学科卒業。カナダモントリオール銀行シンガポール支店長、在日代表兼東京支店長など、2011年まで数社の外資系金融機関勤務。1985年カナダトロント大学経営学部経営管理プログラム終了。2012年上智大学大学院博士後期課程経済学研究科経営学専攻満期退学。2005年上智大学経済学部経営学科非常勤講師、慶応義塾大学非常勤講師などを務める。

**教皇フランシスコ　いつくしみの教会**
——共に喜び、分かち合うために

2015年12月24日　初版第1刷発行

著　者　教皇フランシスコ
訳　者　栗　栖　徳　雄
発行者　石　井　昭　男
発行所　株式会社　明石書店

〒101-0021　東京都千代田区外神田 6-9-5
電　話　03（5818）1171
FAX　03（5818）1174
振　替　00100-7-24505
http://www.akashi.co.jp

装幀　明石書店デザイン室
印刷・製本　モリモト印刷株式会社

（定価はカバーに表示してあります）　ISBN978-4-7503-4288-7